DAS KLEINE

KAFFEE LEXIKON

Zubereitung · Herstellung · Rezepte

Tobias Pehle

DÖRFLER · VERLAG

Alle in diesem Buch enthaltenen Angaben, Vorschläge, Rezepte etc. wurden von den Autoren nach bestem Wissen erstellt und von ihnen und dem Verlag mit größtmöglicher Sorgfalt überprüft. Gleichwohl sind inhaltliche Fehler nicht vollständig auszuschließen. Daher erfolgen die Angaben etc. ohne jegliche Verpflichtung oder Garantie des Verlags oder der Autoren. Eine Haftung der Autoren und des Verlags für Personen-, Sach- und Vermögensschäden ist ausgeschlossen.

Konzeption und Realisation: Medien Kommunikation, Unna

Im Internet finden Sie unser Verlagsprogramm unter:
www.doerfler-verlag.de

Inhalt

Vorwort 8

Kaffeegenuss 10

Der Kaffeeanbau 28

Der Weg zum Kaffee 54

Die Zubereitung 84

Stilvoll servieren 118

Ländertraditionen 158

Die schönsten Kaffeehäuser 188

Die besten Kaffeerezepte 220

Kochen mit Kaffee 248

Register 290

Bildquellen 294

Vorwort

Der Siegeszug einer kleinen Bohne

Jahrzehntelang war Kaffee ein kulinarisch völlig unterbelichtetes Thema: Von den 1960er- bis in die 1990er-Jahre dominierten allein große Hersteller mit Massenware den Markt. Nur wenige Liebhaber wussten um die vielschichtigen Qualitäten des braunen Goldes und bezogen ihre persönlichen Lieblingsbohnen von Kleinströstereien, die zumeist dauerhaft um ihre Existenz kämpfen mussten.

Doch das Blatt hat sich gewendet: Im Zuge wachsenden Qualitätsbewusstseins in allen Bereichen der Ernährung erlebt auch hochwertiger Kaffee seit einigen Jahren eine lange nicht für möglich gehaltene Renaissance. Maßgeblichen Anteil daran haben engagierte Röster, aber auch einige Kaffeeautomaten-Hersteller: Mit neuen Maschinentypen, vor allem mit Kaffeevollautomaten für den Privatgebrauch, erschlossen sich auf breiter Front neue Genusswelten.

Trotzdem ist das Wissen um den Anbau von Kaffee, die Röstung und selbst die unterschiedlichen Arten der Zubereitung nicht allzu verbreitet. Deshalb stehen genau diese drei Felder, die gemeinsam das Geschmackserlebnis eines jeden Kaffees prägen, im Fokus des ersten Teils dieses

Buches. Abgerundet wird dieser Bereich durch einen intensiven Blick auf die vielfältigen Zutaten, die eng mit dem Genuss des weltweit beliebten Heißgetränkes verbunden sind.

Welche Art des Kaffees man bevorzugt, wie man ihn zubereitet sowie wann und wo man ihn vorzugsweise genießt, ist eng mit den eigenen kulturellen Wurzeln verbunden. So präferiert man beispielsweise in der Türkei einen gekochten Mokka, in Italien einen kleinen starken Espresso oder in Deutschland einen milden Filterkaffee. Deshalb beleuchtet der zweite Teil dieses Buches die unterschiedlichen Ländertraditionen rund um den Kaffee. Zudem werden die schönsten und berühmtesten Kaffeehäuser der Welt vorgestellt, in denen sich auch genau diese unterschiedlichen Traditionen spiegeln.

Wer Kaffee nur schwarz oder mit Zucker und Milch trinkt, bringt sich selbst um exquisite Geschmackserlebnisse. Denn die braunen Bohnen sind Grundlage vieler köstlicher und ausgefallener Getränkespezialitäten. Um die besten Rezepturen geht es im abschließenden Teil dieses Buches. Im Fokus stehen dabei nicht nur Getränke, sondern auch Dessert- und Backrezepte.

Aber den Kaffee nur als eine Welt des Wissens zu begreifen, wird ihm ganz und gar nicht gerecht. Denn schließlich geht es immer auch um eine wunderbare Sinneserfahrung. Und so ist es ein Kernanliegen dieses Buches, die Bereicherung, die unsere Welt durch den Kaffee erfährt, ein Stück weit zu spiegeln und seine Faszination erlebbar zu machen.

Kaffeegenuss

Heißes Vergnügen

Kleine Bohne, großer Geschmack

Er ist Leidenschaft, Lebenselixier und leistbarer Luxus: guter Kaffee. Ob als Muntermacher am Morgen, als kleines Vergnügen zwischendurch oder als Krönung eines guten Essens: Kaffee begleitet uns durch den Tag und macht das Leben einen Tick lebenswerter.

Weltweit sind viele Menschen der kleinen Bohne mit dem großen Geschmack verfallen. Nach Wasser ist Kaffee das zweitbeliebteste Getränk der Menschheit. Und ob in Asien oder Amerika, Afrika oder Australien – das herrlich duftende, vollmundige und anregende Heißgetränk ist allerorts fester Bestandteil des täglichen Lebens. Zu verdanken hat das der Kaffee vor allem seiner herausragendsten Eigenschaft: einem unvergleichlichen Geschmack, der einen nicht mehr loslässt, wenn man einmal auf ihn gekommen ist.

Ein aromareiches Kraftpaket

Diesen Geschmack verdankt Kaffee seinen sogenannten flüchtigen Aromen. Ihr Anteil liegt bei der braunen Bohne bei bis zu 0,1 Prozent – und so klein diese Zahl auch erscheinen mag, kaum ein anderes Lebensmittel kann so viele dieser Stoffe aufweisen. Doch damit nicht genug: Mit über 800 verschiedenen Aromen rangiert der Kaffee ganz vorn in der Aromastatistik.

Den flüchtigen Aromen kann der Genießer nicht nur auf der Zunge nachspüren, sondern er kann sie vor allem auch riechen. Kaffee ist nämlich ein Fest für viele Sinne, nicht nur für die Geschmacksnerven. So sieht man z.B. in der Crema die Zubereitungsqualität eines Espressos oder in der Dunkeltönung eines Filterkaffees seine Stärke. Geruch und Anblick eines frisch zubereiteten Kaffees prägen darüber hinaus unsere Vorfreude auf den erwarteten kleinen Genuss.

Wie wichtig das Auge beim Genuss ist, zeigt sich vor allem auch in den vielen unterschiedlichen Trinkgefäßen: Seit Jahrhunderten adeln die Menschen den Kaffee mit zum Teil äußerst liebevoll gestalteten und oft wertvollen Tassen, Kannen und Bechern.

Ein aromareiches Multipaket

Die Aromen bilden jedoch nur einen kleinen Teil der Inhaltsstoffe, die einen Kaffee ausmachen. Was genau sich darin befindet, hängt nicht nur von der Herkunft der Bohnen, sondern auch von ihrer Verarbeitung und – nicht zuletzt – von der Art der Zubereitung ab. Grundsätzlich lassen sich folgende Inhaltsstoffe benennen:

- Kohlenhydrate: Diese machen zwischen 30 und 40 % aus. Es handelt sich zumeist um Polysaccharide, nur ein geringer Teil ist Zucker (z.B. Saccharose oder Glucose).

Wasser: Der Wasseranteil im Rohkaffee, also in den ungerösteten Bohnen, liegt zwischen 10 und 13 %. Fertig geröstete Bohnen enthalten hingegen maximal nur noch 5 % Wasser.

Fett: Der Gesamtanteil von Fettstoffen bei Rohkaffee pendelt zwischen 10 und 13 Prozent. Hochwertiger Arabica-Kaffee enthält mehr von ihnen als minderwertigerer Robusta. Je stärker der Kaffee geröstet wird (schwarze Färbung), umso mehr nimmt der Fettgehalt ab.

Säuren: Bei Rohkaffee machen die Säuren, allen voran Chlorogensäure, zwischen 4 und 5 % aus. Sie sind maßgeblich am Geschmack des Kaffees beteiligt, ihr Anteil reduziert sich beim Rösten der Bohnen. Nach sehr langer Röstung kann der Kaffee daher flach schmecken. Je nach Röstgrad werden die Säuren in den Bohnen zwischen 30 und 70 Prozent abgebaut. Die Säuren im Kaffee beeinflussen aber nicht nur den Geschmack, sondern regen auch die Verdauung an.

Eiweiß: Rohkaffee weist bis zu 11 % natürliche Proteine auf, die beim Rösten allerdings fast vollständig abgebaut werden.

Alkaloide/Koffein: Das berühmte Koffein zählt zu den Alkaloiden, natürlichen Bestandteilen von Pflanzen. Der Koffeingehalt beträgt bei Rohkaffee zwischen 0,8 und 2,5 %. Wie viel sich davon allerdings in der Kaffeetasse findet, hängt auch von der Verarbeitung ab, wie z.B. von den Röst- und Trocknungsverfahren.

Mineralstoffe: Je nach Herkunft kann der Rohkaffee bis zu 4 % Mineralstoffe enthalten; die meisten bleiben im fertigen Kaffee erhalten.

Der Koffeingehalt

Der Koffeingehalt variiert nach Verarbeitung, Röstung und Art der Zubereitung. In der Tasse finden sich circa:

- Filterkaffee (150 ml): 80 mg
- Espresso (50 ml): 50–60 mg
- Löslicher Kaffee (125 ml): 60–100 mg
- Entkoffeinierter Kaffee (125 ml): 1–4 mg

Zum Vergleich: in einer Tasse schwarzen Tees beträgt der Koffeingehalt zwischen 20 und 50 mg. Eine 250-ml-Dose Energydrink kommt auf 80 mg und ein 0,3-l-Glas Cola immerhin auch auf 40 mg.

Die Wirkung auf den Organismus

Obwohl gut 2000 Studien pro Jahr rund um den Kaffee erstellt werden, restlos erforscht ist die kleine Bohne bis heute nicht. Ihre chemische Zusammensetzung ist äußerst komplex und ihre Wirkung auf den menschlichen Körper hängt von vielen verschiedenen Faktoren ab. Fest steht die anregende Wirkung des Koffeins auf den Kreislauf. Die Blutgefäße weiten sich, die Herzschlagfrequenz wird erhöht und die Durchblutung aller Organe verbessert. Koffein beeinflusst zudem unsere Atmung. Diese wird beschleunigt und die Bronchialgefäße weiten sich.

Doch die Wirkung, die die Menschen am meisten am Kaffee schätzen, ist die auf unser Gehirn. Auch hier führt das Koffein zu einer besseren Durchblutung. Dadurch fühlt man sich munterer, die Konzentrationsfähigkeit steigt, selbst die Reaktionsfähigkeit nimmt zu. Und das erklärt, warum die meisten Kaffeetrinker vor allem am Morgen nicht auf ihr Lieblingsgetränk verzichten mögen. Allerdings stellt sich die Wirkung nicht sofort ein: Erst nach gut einer halben Stunde kurbelt der Kaffee den Organismus an.

Kaffee kann darüber hinaus auch eine kleine „Verdauungshilfe“ sein. Nach dem Essen getrunken regt er nämlich die Produktion von Magensäure und Gallensekret an – Magen- und Darmtrakt kommen in Schwung.

Angst haben, dass man bei ausgiebigem Kaffeegenuss nach diesem „süchtig“ wird, braucht man allerdings nicht. Die schwarze Bohne enthält keine abhängig machenden Stoffe – allerdings kann man seine eigenen Trinkgewohnheiten und -vorlieben subjektiv als Sucht empfinden.

Ein durch und durch positives Bild lässt sich dennoch nicht zeichnen, vor allem dann, wenn Kaffee in größeren Mengen getrunken wird. Dann kann es zu Herzrasen, Bluthochdruck oder Zittern kommen, mitunter sogar auch zu Angstanfällen. Wer empfindlich auf das Koffein reagiert, leidet vor allem unter Schlafstörungen. Die Säure des Kaffees kann zu Magenbeschwerden führen. Zurückhaltender mit dem Konsum sollten Menschen mit Bluthochdruck sein sowie Schwangere und stillende Mütter.

Die Kaffee-Historie

Legenden und Geschichten

So viel man heute über den Kaffee weiß, über seine botanischen Wurzeln kann man nur mutmaßen. Aber mit großer Wahrscheinlichkeit liegen sie in der äthiopischen Provinz Kaffa, in der seit Urzeiten der Kaffeebaum wild wächst. Vergleiche des Erbguts der aus Kaffa stammenden Kaffeebäume mit den Milliarden Rubiaceae-Coffea-Pflanzen der weltweiten Kaffeekulturen weisen zumindest auf eine genetische Verwandtschaft hin.

Bereits vor Christus sollen hier im abessinischen Hochland Nomadenvölker die belebende Wirkung der Kaffeefrüchte zu schätzen gewusst haben. Und von Mönchen, die ab dem 4. Jahrhundert Äthiopien christianisierten, wird berichtet, sie hätten sich mit den Kaffeefrüchten für ihre nächtlichen Gebete aufgeputscht.

Wissenschaftlich belegen lassen sich diese Vermutungen aber nicht, obwohl man davon ausgehen kann, dass die Namensähnlichkeit zwischen Kaffa und Kaffee kein Zufall ist. Allerdings gibt es eine zweite Theorie, die das Wort Kaffee vom altarabischen qahwah ableitet, mit dem früher Moslems den ihnen verbotenen Wein bezeichneten. Die

Türken nannten den berauschenden Rebensaft kahweh. Und diesen Namen sollen sie dann auf das anregende Kaffee-Getränk übertragen haben, aus dem der so genannte Islamische Wein wurde.

Die Geschichte vom Hirten Kaldi

Die Frage nach der Entdeckung des Kaffees beantworten zahlreiche Legenden, die sich im Laufe der Jahrhunderte bildeten. Zu den schönsten zählt die Geschichte vom Ziegenhirten Kaldi, der zwischen dem 6. und 9. Jahrhundert im abessinischen Hochland bei seiner Herde lebte. Eines Tages soll er sich über die nächtliche Unruhe seiner Tiere gewundert haben. Als er die Tiere daraufhin beobachtete, ging ihm auf, dass sie immer wieder an den roten und grünen Früchten eines Strauches geknabbert hatten, bevor sie übermütig umhersprangen.

Kaldi ging der Sache auf den Grund, indem er selbst von den Beeren des besagten Strauches aß. Auch er empfand danach diese belebende Wirkung und rannte aufgeregt zu den Mönchen ins nahegelegene Kloster. Die aber warfen die Früchte, die Kaldi ihnen brachte, kurzerhand als Teufelswerk ins Feuer. Der köstliche Geruch, der daraufhin die Räume des Klosters durchzog, veranlasste sie allerdings, die gerösteten Beeren schleunigst wieder aus dem Kamin zu holen. Die Mönche zermahlten die Bohnen und übergossen sie mit heißem Wasser. Als einige Brüder am Abend von dem Gebräu kosteten, fanden sie nicht mehr in den Schlaf – dafür aber zum Genuss des ersten aufgebrühten Kaffees.

Derweil erzählt eine islamische Legende vom Erzengel Gabriel, der den Propheten Mohammed mit schwarzem Kaffee von seiner Schlafsucht befreit haben soll. Demnach soll Mohammed todkrank und erschöpft auf seinem Lager gelegen haben, als ihm der Engel eine Schale mit Kaffee reichte. Nach dem Genuss gewann der Prophet seine Lebensgeister wieder und gesundete sofort. Fortan habe Mohammed dank des Kaffees die Kraft gehabt, das große islamische Reich zu gründen.

Aber zurück zu den wissenschaftlichen Erkenntnissen: Obwohl vieles in der Frühgeschichte des Kaffees nicht wirklich zu belegen ist, so gibt es doch eine ganze Reihe von plausiblen historischen Erklärungen über die Verbreitung des Kaffees. Die Abessinier regierten im 6. Jahrhundert den Jemen, der aufgrund seiner großen Fruchtbarkeit Arabia felix genannt wurde.

Es ist deshalb anzunehmen, dass die Äthiopier selbst die Kaffeepflanze in dieses Gebiet brachten, das lange als das einzige Anbaugebiet der roten Kaffeefrüchte galt. In den bewässerten Terrassengärten des Südjemen wurde mit Sicherheit der erste systematische Kaffeeanbau betrieben.

Die ersten überlieferten Aufzeichnungen über den Kaffee stammen von dem Arzt und Philosophen Ibn-Sina. Dieser bezeichnete in seinen Schriften über „Die Heilkunst" aus dem 10. Jahrhundert den Kaffee zunächst als Bunchum. Spätere schriftliche Dokumente aus dem Jahr 1454 geben Auskunft über einen Erlass des Scheichs Gemaleddin, Mufti zu Aden, der im Jemen Kaffeekulturen anlegen ließ. Von der Hafenstadt Mokka, die dem starken schwarzen Getränk den Namen gab, ging der kostbare Rohstoff in viele Regionen und gelangte so auch 1510 nach Ägypten und Arabien.

Besonders die unzähligen Pilger, die das Heiligtum der Mohammedaner in Mekka besuchten, sollen die Kunde von dem neuen Getränk mit seiner wundersamen Wirkung wie ein Lauffeuer in der islamischen Welt verbreitet haben. Die Muslime ersannen zudem neue Methoden, das kostbare Luxusgut so sparsam wie möglich zu nutzen. Das Rösten der Bohnen in der Pfanne und das anschließende Mahlen machten den Kaffee nicht nur milder, sondern vor allem auch ergiebiger.

Die große Zeit der Osmanen

Die osmanischen Türken, die Arabien ihrem großen Reich einverleibten, übernahmen von den besiegten Völkern nicht nur den islamischen Glauben, sondern auch deren Lieblingsgetränk. Das arabische Beutegut schmeckte den Eroberern bestens: Der Kaffee avancierte zum Volksgetränk der Türken.

Mit Argusaugen überwachten diese als neue Machthaber ihr Anbaumonopol für Kaffee im Jemen. Die Kaffeebohnen durften das Land nur abgekocht oder geröstet verlassen, um nicht an anderer Stelle als fruchtbare Samen neu eingepflanzt werden zu können. Doch auch hier sorgten emsige Pilger auf raffiniertem Wege für die Verbreitung der Pflanze: So wurde sie etwa um den Bauch gebunden, wie beispielsweise vom Pilger Baba Budan, nach Indien gebracht und dort dann auch angepflanzt. Diesem Pilger zu Ehren wurde dort später eine ganze Anbauregion benannt: Baba Budan.

Die große Expansion des türkischen Reiches brachte den Kaffee in die zahlreichen beherrschten Gebiete. So spielte er auch im südöstlichen Teil Europas eine immer größere Rolle.

Die ersten Kaffeehäuser wurden in Damaskus und Aleppo, zwei städtischen Siedlungen in Syrien, gegründet. Und 1554 eröffneten die beiden Kaufleute Hakim von Aleppo und Dschems von Damaskus das erste Kaffeehaus auf europäischem Boden in Konstantinopel, dem heutigen Istanbul.

Dass auch die westeuropäischen Königshäuser begannen, sich für den Kaffee zu interessieren, ist wahrscheinlich Naturwissenschaftlern und Ärzten zu verdanken. Diese reisten im Auftrag der Machthaber um die Welt und veröffentlichten ihre Beobachtungen der unbekannten Kaffeepflanze und dem daraus entstandenen Getränk in Büchern.

So erfuhr man in Deutschland in den 1570er-Jahren aus den Berichten des Augsburger Arztes und Orientreisenden Leonhart Rauwolf alles über die exotischen Trinkgewohnheiten der Araber. Fundierte Erkenntnisse über die Kaffeepflanze verdanken die Europäer vor allem dem 1592 geschriebenem Werk „De Plantis Aegypti Liber" des italienischen Botanikers Prosper Alpinus.

Plantagen in der ganzen Welt

Der Kaffee gelangte nun auf dem Seeweg – im Süden über Venedig und im Norden über Amsterdam – nach Italien und in die Niederlande. Danach sollen die Niederländer, die der spanischen Armada als Seemacht den Rang abgelaufen hatten, zu regelrechten Diebstahl-Expeditionen in den Jemen gestartet sein, um endlich selbst Kaffee anpflanzen und Handel mit ihm treiben zu können.

Unseren holländischen Nachbarn ist es so zu verdanken, dass man heute in allen Teilen der Welt rund um den Äquator Kaffee anbaut. Sie waren die ersten, die in Asien Plantagen anlegten. 1658 begannen sie mit dem Kaffeeanbau auf Ceylon, dessen Tropenklima sich dafür viel besser zu eignen schien als das des trockenen Jemens.

Als Triebfedern des Kaffeehandels erwiesen sich die Ostindische (1602) und die Westindische Kompanie (1621), die die Niederländer als starke europäische Seemacht gründeten. Diese Zusammenschlüsse waren multinationale Handelskonzerne, die vor allem die Gewürzrouten kontrollierten und dann den systematischen Anbau von Kaffee auf Java, Sumatra oder Bali vorantrieben. Später brachten dann andere Kolonialmächte den Kaffee auch nach Südafrika.

Dank seiner Beliebtheit avancierte der Kaffee damals zu einem Produkt von hohem wirtschaftlichem Rang. Vor allem mit Ländern, die über keine Kaffee-Kolonien verfügten, ließen sich gute Geschäfte machen. So kostete 1650 ein Pfund „Café d'Arabie" in Paris über 500 Euro nach heutigem Wert.

Kaffee-Museen

Die Kaffee-Geschichte erleben

Im wahrsten Sinne des Wortes erleben lässt sich die Geschichte des schwarzen Goldes in den verschiedenen Kaffeemuseen der ganzen Welt. Gegründet und unterhalten werden diese meist von kleinen und größeren Röstereien oder auch privaten Kaffeeliebhabern, die liebevoll die Zeugnisse der Kaffeegeschichte zusammentragen und alte Röst- und Zubereitungsmethoden anschaulich präsentieren.

Die Kaffeekultur des jeweiligen Landes wird zum Teil mit Ausstellungen ganzer Kaffeehauseinrichtungen – von den typischen Möbeln bis hin zu Kaffeetasse mit Wasserglas und Zeitung – stimmig inszeniert. Und in der Regel kann man dann in den angeschlossenen Kaffeehäusern die Spezialitäten auch sinnlich wahrnehmen. Wer z.B. in Deutschlands ältestem Kaffeehaus, dem „Zum Arabischen Coffe Baum" in Leipzig (Foto) eine zweistündige Führung bucht, darf unter einem echten Kaffeebaum mit glänzenden Blättern fünf verschiedene Kaffeesorten mit entsprechenden Zubereitungsarten verkosten und wertvolles über den richtigen Kaffeegenuss – auch Zuhause – erfahren.

Wie in Leipzig gibt es auch in London, Prag, Zürich, Amsterdam, Wien oder auch in Rio de

Janeiro eindrucksvolle Kaffeemuseen. In Rio de Janeiro beweist schon der atemberaubende Museums-Palazzo die wirtschaftliche Machtstellung von Kaffee in Brasilien. Das Züricher Johann-Jacobs-Museum dokumentiert mit ausgesuchten Gemälden verschiedener Stilepochen und einer Sammlung von 3500 Grafiken zur Kulturgeschichte des Kaffees sowie 2000 Ansichtskarten, dass die allmähliche Verbreitung des Kaffees in Europa von der zeitgenössischen Kunst intensiv begleitet wurde.

Interessante Kaffeemuseen

Kaffeemuseum Burg, Hamburg (www.kaffeemuseumburg.de); Speicherstadtmuseum Hamburg (www.speicherstadtmuseum.de); Museum für Kaffeetechnik, Emmerich (www.rheinischemuseen.de); Überseemuseum in Bremen, www.uebersee-museum.de; Kaffeemuseum Leipzig (www.coffe-baum.de); Johann-Jacobs-Museum, Zürich (www.johann-jacobs-museum.ch); Kaffeemuseum, Wien (www.kaffeemuseum.at); Bramah Tea & Coffee Museum, London, (www.teaandcoffeemuseum.co.uk); Geels & Co., Amsterdam (www.geels.nl); Kaffeemuseum Prag (www.coffeemuseum.cz); Kaffeemuseum, Rio de Janeiro (www.museodocafe.com.br)

Der Kaffeeanbau

Der Kaffeebaum

Die Coffea Arabica & Canephora

Ausgangspunkt des Kaffees ist die Kaffeepflanze, die zur Gattung der Coffea gehört. Darunter fallen eine Vielzahl von Bäumen und Sträuchern, die auf den ersten Blick zum Teil nur sehr wenig Ähnlichkeiten mit den Kaffeepflanzen haben, aus denen das braune Gold gewonnen wird.

Eigentlich gibt es davon nur zwei von Bedeutung: die Coffea Arabica – aus ihr wird die Kaffeesorte Arabica gewonnen – und die Coffea Canephora, die man zur Kaffeesorte Robusta verarbeitet. Daneben kann man auch aus der Coffea Liberica und der Coffea Excelsa Kaffee gewinnen; deren Anteil an der weltweiten Kaffeeproduktion ist allerdings unbedeutend.

Kaffeebäume können bis zu vier Meter hoch wachsen, auf den großen Kaffeeplantagen hält man sie aber durch Rückschnitt eher strauchförmig, um die Pflanzen besser pflegen zu können und die Ernte zu erleichtern. Die

länglich ovalen Blätter, die sich an den rutenförmigen Zweigen ausbilden, sind immergrün und bis zu 6 cm lang. Die Wurzeln ragen pfahlartig bis zu 2,5 Meter tief in die Erde. Die Pflanze wird bis zu 25 Jahre alt, die ersten Früchte, aus denen dann die Kaffeebohnen geerntet werden können, trägt sie aber erst nach vier Jahren.

Den Früchten geht eine sehr kurze Blütezeit voraus: Die weißen Blüten, die einen jasminartigen Duft verströmen, halten sich nur bis zu vier Tage am Kaffeebaum und sind in dieser Zeit nur während weniger Stunden befruchtungsfähig. Die Bestäubung kann dabei sowohl durch Wind als auch durch Insekten erfolgen.

Nach der Befruchtung dauert es bis zu neun Monate, bis sich die berühmte Kaffeekirsche voll ausgebildet hat. Die Frucht ist zunächst grün und verfärbt sich dann über Gelb zu Rot. Überreife Früchte nehmen eine schwarze Farbe an.

In den kleinen Früchten sitzen je zwei Samen – die Kaffeebohnen. Sie sind überaus gut geschützt: Zunächst umschließt sie ein festes Silberhäutchen, darüber befindet sich zudem noch eine Pergamenthaut mit einer Schleimschicht. Als nächste Schicht folgt die sogenannte Pulpe, also das eigentliche Fruchtfleisch, welches wiederum von der Kirschhaut, also der Außenhaut umschlossen wird. Zu den Besonderheiten der Kaffeepflanze zählt, dass sie gleichzeitig Blüten und Früchte tragen kann. An einem einzigen Baum findet man dabei bis zu 40000 Blüten.

Ein anspruchsvolles Gewächs

Der Kaffeebaum ist eine kleine Primadonna: Er stellt hohe Anforderungen an seine Umgebung und muss intensiv gepflegt werden, damit er perfekt trägt. Am ergiebigsten ist er im Alter von rund sieben Jahren – dann liefert ein Baum circa fünf Kilogramm Rohkaffee.

Zu den Grundanforderungen zählt zunächst, dass die Pflanze frostsicher stehen muss – schon bei stärkerer Kälte nimmt sie Schaden und kann sogar absterben. Zur Pflege gehören nicht nur Schneiden und Düngen, sondern vor allem auch das richtige Bewässern. Auch hier reagiert der Baum empfindlich – auf zu viel Wasser genauso wie auf zu wenig.

Doch damit nicht genug: Auch in Bezug auf Temperatur, Sonnenstrahlung, Niederschlag, Wind und Bodenvoraussetzungen zeigt sich die Pflanze sehr wählerisch, vor allem, wenn sie optimalen Ertrag bringen soll. Und hier unterscheiden sich Arabica und Canephora zum Teil deutlich.

So gedeiht die Arabica am besten bei einer Durchschnittstemperatur von 18 bis 25 °C. Die Temperatur darf allerdings weder über 30 °C steigen noch unter 13 °C fallen. Wie der Name Robusta schon andeutet, ist die zweite Sorte nicht ganz so zimperlich: Sie verträgt mehr Temperatur-

schwankungen und kommt auch bei 26 °C Durchschnittstemperatur gut zurecht.

In Bezug auf den Wasserbedarf benötigt Arabica 250 bis 300 mm pro Quadratmeter pro Jahr. Das entspricht einer Niederschlagsmenge von 1500 bis 2000 mm. Fällt der Wert unter 1000 mm, muss künstlich bewässert werden. Die Canephora mag es feuchter: Für sie sollte der Jahresdurchschnitt am besten bei 2000 mm liegen.

Hinzu kommt, dass zu viel Wind schnell zu brechenden Ästen führt und zu viel Sonnenschein die Blätter austrocknet. Deshalb pflanzt man um die Kaffeebäume gern dichte Sträucher als Wind- und hohe Bäume als Sonnenschutz an.

Was den Boden betrifft, mögen es die Pflanzen gern locker, tief, gut belüftet, durchlässig und neutral bis leicht sauer. Außerdem müsssen die Pflanzen über die Wurzeln ausreichend Stickstoff, Phosphorsäure und Kalium aufnehmen können. All dies verdeutlicht, warum es nur wenige Regionen auf der Erde gibt, in denen Kaffee überhaupt angebaut werden kann. Genau genommen ist es nur ein relativ schmaler Streifen rund um den Äquator zwischen den Wendekreisen des Krebses und des Steinbocks: der berühmte Kaffee-Gürtel.

Die großen Anbauregionen

Weltweit lassen sich vier große Regionen unterscheiden, in denen Kaffee angebaut wird. Nicht jeder Teil des Kaffeegürtels ist gleich gut geeignet, Arabica oder Canephora anzubauen. Entscheidend ist dabei auch die Höhenlage: Die Arabica-Pflanze gedeiht in 600 bis 1200 Metern Höhe, Robusta hingegen in 300 bis 800 Metern.

Auch die Qualität ist nicht überall gleich. Generell wird Arabica besser bewertet als Robusta. Grundsätzlich kann man sagen, dass Höhenlagen qualitativ hochwertigeren Kaffee hervorbringen als Plantagen in geringerer Höhe.

Südamerika

Die kaffeeproduzierenden Länder Südamerikas decken fast die Hälfte des weltweiten Bedarfs an Rohkaffee. Für den Export liefert man überwiegend mittlere Qualitäten, die sich vor allem für Mischungen gut eignen. Nur wenige Sorten lassen sich der Spitzenklasse zuordnen. Ein Teil der Ernten wird selbst verbraucht, besonders die minderwertigen Qualitäten. Die produzierenden Länder sind:

Argentinien • Brasilien • Bolivien • Ecuador und die Galapagos-Inseln • Kolumbien • Paraguay • Peru • Surinam • Venezuela

Zentralamerika, Karibik und Pazifik

In den meisten Ländern Zentralamerikas und auf den karibischen Inseln spielt der Anbau von Kaffee eine tragende

gesamtwirtschaftliche Rolle. Hawaii eingerechnet – der einzige kaffeeproduzierende Staat der USA – stammen etwa 20 Prozent des weltweit vermarkteten Rohkaffees aus dieser Region. Angebaut wird fast ausschließlich Arabica, der Anbau von Robusta ist in Costa Rica sogar verboten.

Costa Rica • Dominikanische Republik • El Salvador • Guadeloupe • Guatemala • Haiti • Hawaii • Jamaica • Martinique • Mexiko • Puerto Rico

Asien und Australien

Die Ernten reichen, um etwa ein Fünftel des weltweiten Kaffeebedarfs zu decken. Vor allem Vietnam, Indonesien und Indien spielen international eine bedeutende Rolle.

Australien • China • Indien • Indonesien • Papua-Neuguinea • Philippinen • Vietnam

Afrika

Aus Afrika stammt rund ein Sechstel des Kaffees. In Ostafrika baut man überwiegend Arabica an, in Westafrika hingegen Robusta, in der geographischen Mitte beide Sorten.

Äthiopien • Burundi • Elfenbeinküste • Jemen • Kamerun • Kenia • Kongo • Madagaskar • Malawi • Mauritius • Mosambik • Ruanda • Sambia • São Tomé • St. Helena • Sudan • Südafrika • Tansania • Uganda • Zimbabwe • Zaire

Anbau & Aufbereitung

Aussaat und Aufzucht

Man kann Kaffeepflanzen auf drei Arten vermehren: Durch Aussaat von Bohnen, Aufzucht durch Stecklinge und durch das sogenannte Pfropfen. In der Regel vermehrt man aber die Pflanzen durch die Aussaat von acht Wochen alten, ausgesuchten Kaffeebohnen.

Die Bohnen kommen ohne Pergamenthaut in spezielle Saatbeete. Nach fünf bis sechs Wochen werden die herangereiften Setzlinge in Einzeltöpfe umgesetzt. Nach weiteren acht Monaten können die Pflanzen dann auf den Plantagen in einem Abstand von ein bis drei Metern in den Boden gepflanzt werden.

Zu den vielfältigen Pflegearbeiten der Kaffeebauern zählen dabei nicht nur Bewässern und Düngen: Die Pflanzen müssen regelmäßig ausgelichtet und beschnitten werden. Zudem gilt es, sie gegen Schädlinge zu schützen.

Die Ernte

In den meisten Anbauregionen ist die Kaffeeernte noch Handarbeit – nur auf sehr großen Plantagen kommen Maschinen zum Einsatz. Die Haupterntezeit verteilt sich global fast über das ganze Jahr, je nach Region fällt sie unterschiedlich aus. So wird z.B. in Costa Rica von Oktober bis März gepflückt, während man auf Madagaskar von Mai bis Oktober erntet. In einigen Regionen kann man zudem zwei Mal im Jahr ernten, man unterscheidet dann die Haupt- von der Nebenernte.

Grundsätzlich unterscheidet man zwischen zwei Erntemethoden: der Handverlesung und der sogenannten Strip-Pflückung. Bei der Handverlesung werden nur die reifen Kirschen vom Kaffeebaum gepflückt. Diese sehr aufwändige Erntemethode lohnt sich allerdings nur bei hochwertigen Kaffees.

Weitaus üblicher ist es, alle Kirschen unabhängig von ihrem Reifegrad auf einmal durch Abstreifen von den Ästen zu pflücken. Bei dieser Strip-Methode werden dann anschließend die reifen Kirschen aussortiert. Das Verfahren ist zwar rationeller, aber natürlich entstehen den Kaffeebauern durch die unreifen Früchte auch Ernteverluste.

Die Aufbereitung

Unter der Aufbereitung von Kaffee versteht man den ersten Verarbeitungsschritt der geernteten Kaffeebohnen, der direkt nach der Ernte auf den Plantagen erfolgt. Dabei entfernt man das Fruchtfleisch und das Pergamenthäutchen. Anschließend reduziert man den Wassergehalt, sodass die Rohbohnen transport- und röstbereit werden.

Bei der Aufbereitung unterscheidet man drei verschiedene Verfahren:

Die Trockenaufbereitung

Bei dieser uralten Methode legt man die geernteten Kirschen in der Sonne aus und lässt sie drei bis fünf Wochen lang austrocknen. Wenn sich der Wassergehalt von ursprünglich 50 bis 60 Prozent auf die geforderten 12 % reduziert hat, lässt sich das Fruchtfleisch samt Pergamenthäutchen relativ einfach mechanisch abschälen. Diese Methode ist sehr umweltverträglich, führt aber nur zu mittlerer Qualität und ist nicht besonders effektiv. Kaffeebohnen werden heute vor allem noch in Uganda, Angola und Indonesien trocken aufbereitet.

Die Nassaufbereitung

Die Nassaufbereitung ermöglicht ein viel schnelleres Verarbeiten der geernteten Früchte. Spätestens 12 bis 24 Stunden nach der Ernte reinigt man die Früchte mit Wasser per Hand oder Maschine vor und sortiert die Früchte dann durch ein Schwemmverfahren.

Anschließend kommen die Früchte in einen sogenannten Entpulper, der das Fruchtfleisch abquetscht. Dabei verbleiben um die Bohne Fruchtfleischreste, Schleim und auch das Pergamenthäutchen. Um diese lösen zu können, leitet man die Bohnen in einen Fermentationsbehälter. In diesem findet ein Gärungsprozess, die Fermentation, statt. Die unerwünschten Bestandteile verflüssigen sich. Nach 12 bis 36 Stunden können die Bohnen gewaschen und getrocknet werden. Zum Teil trocknen sie an der Luft, zum Teil auch in hochmodernen Heißluftanlagen. Aus ökologischer Sicht ist das Verfahren strittig, weil dabei für ein Kilogramm Kaffee 130 bis 150 Liter Wasser verbraucht werden. Auf der anderen Seite ermöglicht die Nassaufbereitung bessere Qualitäten.

Die Halbtrockene Aufbereitung

Dieses Verfahren reduziert den Wasserverbrauch. Es gleicht dem der Nassaufbereitung – allerdings verzichtet man auf die Fermentation. Nach dem Abquetschen des Fruchtfleisches werden die Bohnen direkt zum Trocknen ausgelegt.

Durch das Aufbereiten entsteht sogenannter „Pergamentkaffee“. Noch ist dieser vom Pergamenthäutchen umgeben. Dieses wird im nächsten Schritt – möglichst gleich mit dem Silberhäutchen – entfernt. Schließlich werden die Bohnen noch einmal gereinigt und sortiert. Nun sind sie bereit für den Weitertransport in die Röstereien rund um den Globus.

Bio-Kaffee

Kaffee aus ökologischem Anbau

Bei einem Massengut wie Kaffee liegt es auf der Hand, dass seit vielen Jahrzehnten auf den großen Plantagen auch ein Stück Raubbau mit der Natur getrieben wird. So haben Monokulturen die Böden ausgelaugt und den Einsatz von chemischen Düngemitteln erforderlich gemacht. Zudem setzt man z.T. giftige Schädlingsbekämpfungsmittel zur Ertragssteigerung ein. Die Rückstände der Chemiestoffe gelangen in der Regel allerdings nicht in die Kaffeetasse, sondern verbleiben in der Schale der Kaffeekirsche – also im Erzeugerland. Andere belastende Bestandteile werden durch die Röstung zudem abgebaut.

Das Bewusstsein für mehr Nachhaltigkeit auch beim Kaffee hat allerdings dazu geführt, dass immer mehr vor allem kleinere Kaffeeplantagen ihre Kulturen nach strengen, ökologischen Maßstäben anlegen und pflegen. Weltweit gibt es eine ganze Reihe von Verbänden, die entsprechende Bio-Siegel vergeben. In der Europäischen Union ist dabei eine entsprechende EU-Verordnung maßgebend.

Zu den Grundregeln für einen ökologischen Kaffeeanbau zählen dabei vor allem folgende Kriterien:

- der weitgehende Verzicht auf künstliche Schädlingsbekämpfung. Nur in ganz bestimmten Fällen wie z.B. bei der Pilzkrankheit „Kaffeerost" dürfen chemische Produkte zum Einsatz kommen.

- eine Bewirtschaftung der Plantagen, die den Boden dauerhaft ertragfähig hält, ohne dass auf künstliche Düngemittel zurückgegriffen werden muss.

- der Mischanbau von Schatten spendenden Bäumen und Nutzpflanzen, die in der entsprechenden Region heimisch sind.

Durch diese Maßnahmen verteuert sich der Kaffee etwas, der Preis für das Endprodukt liegt bei Bio-Kaffee zwischen 20 und 30 % höher als bei vergleichbaren Standardkaffees. Erfreulicherweise stellen immer mehr Betriebe auf ökologische Produktion um, was nicht zuletzt am ständig wachsenden Marktanteil von Biokaffee vor allem in Europa liegt.

Wirtschaftsmacht Kaffee

Zweitwichtigster Rohstoff

Kaffee ist eines der bedeutendsten Wirtschaftsgüter der Welt. Um wie viel Geld es dabei geht, zeigt sich allein schon daran, dass Kaffee nach Erdöl der meist gehandelte Rohstoff der Erde ist. Weltweit leben über 100 Millionen Menschen von ihm – sei es beim Anbau, bei der Veredelung oder im Vertrieb. Für viele Länder, vor allem Dritte-Welt-Staaten, ist das braune Gold Haupteinnahmequelle oder trägt entscheidend mit zum Bruttosozialprodukt bei.

Der größte Kaffeeproduzent der Welt ist Brasilien, hier wird fast ein Drittel des Kaffees angebaut. In fast allen Staaten Südamerikas ist der Kaffee ein sehr wichtiges Exportgut wie z.B. in Kolumbien, Mexiko oder Peru. Eine zweite wichtige Kaffeeregion liegt in Afrika – zu den weltweit führenden Kaffeeexporteuren zählen z.B. Guatemala, Äthiopien und Uganda. Die wichtige dritte Anbauregion liegt in Ostasien. Besonders bedeutend ist hier Vietnam, mit 16 % Marktanteil am weltweiten Kaffeegeschäft der

WASHINGTON

zweitgrößte Exporteur. Aber auch Indonesien und Indien spielen eine gewichtige Rolle.

Welche gigantischen Mengen dabei gehandelt werden, zeigt ein Blick auf die Statistiken: Weltweit werden jährlich über 75 Milliarden „bags" Rohkaffee verkauft. Diese Standard-Maßeinheit im Kaffeehandel ist mit 60-Kilo-Säcken gleichzusetzen, die Menge entspricht also über 4,6 Milliarden Tonnen. Größte Abnehmer sind die Staaten der EU mit weit über 50 %, gefolgt von den USA (19 %) und Japan (7 %). Es folgen Russland und Kanada mit je 3 %.

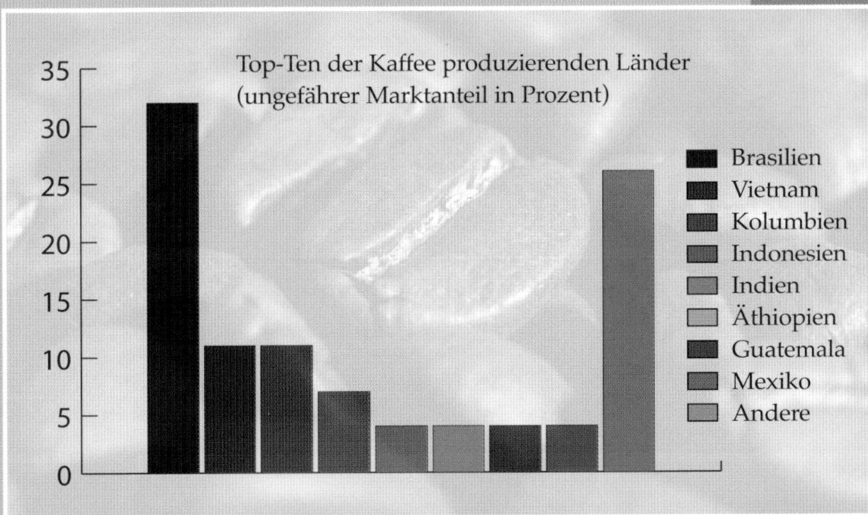

Innerhalb Europas wird in Deutschland der meiste Rohkaffee eingekauft – rund 15 % der weltweiten Ernte – das entspricht rund einer Milliarde Tonnen. Mit weitem Abstand folgen Italien, Frankreich, Spanien und Belgien (mit je zwischen 3 bis 5 %).

Das bedeutet aber nicht, dass die Deutschen oder die Belgier diese gigantischen Mengen auch konsumieren. Vielmehr liegen hier Schwerpunkte des Kaffeehandels und der Kaffeeverarbeitung. So kommt Belgien beispielsweise auf einen der Spitzenplätze, weil der Hafen von Antwerpen einer der wichtigsten Umschlagplätze für Kaffee in Europa ist. In Deutschland wird sehr viel Kaffee verarbeitet und wieder exportiert, vor allem auch nach Osteuropa.

Die Finnen: Kaffee-Weltmeister

Schaut man sich den Kaffeekonsum der Menschen in den einzelnen Ländern an, zeigt sich ein ganz anderes Bild: Die Weltmeister im Kaffeetrinken sind die Finnen mit über 11 kg Kaffee pro Kopf und Jahr. Überhaupt sind die Nordeuropäer führend, was die Liebe zum Kaffee betrifft: Auf den Plätzen zwei bis vier folgen Dänen, Norweger und Schweden mit je rund 8 bis 9 Kilogramm pro Einwohner.

Aber auch die Benelux-Staaten sind ganz vorn mit dabei wie Belgien (ebenfalls rund 8 kg) und Holland (ca. 6 kg). Auf ähnlichem Niveau liegen Österreich, Deutschland und die Schweiz. Die vermeintlich großen Kaffeenationen wie Italien (gut 5 kg), Frankreich (knapp 5 kg) oder USA (gut 4 kg) hingegen schaffen es nicht unter die Top-Ten. Unter den Kaffee produzierenden Ländern bringt es übrigens nur Brasilien (ca. 5 kg) auf einen vorderen Mittelfeldplatz.

Die größten Rohkaffee-Importeure der Welt (ungefährer Marktanteil in Prozent)

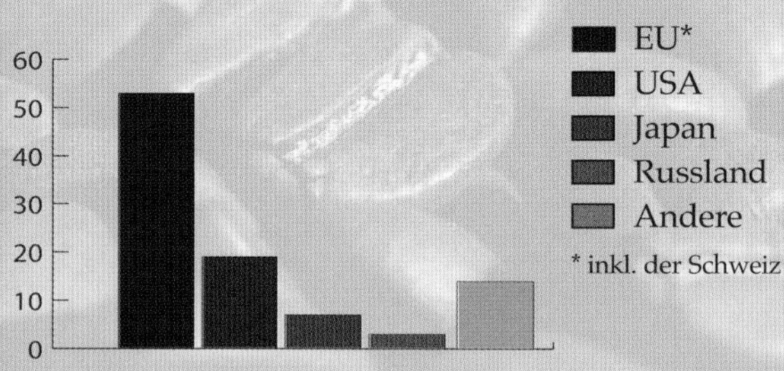

Der Kaffeemarkt ist natürlich in Bewegung. Weltweit zeigt sich dabei eher ein steigender Trend zu mehr Kaffeegenuss als zu weniger. Die Produktions- und Verbrauchsmengen erklimmen so immer neue Rekordmarken. Vor allem in Osteuropa steigert sich der Kaffeekonsum von Jahr zu Jahr. Unter den produzierenden Ländern spielt Vietnam eine immer stärkere Rolle.

Vieldiskutiert: Der Kaffeepreis

Bei einem so wirtschaftlich wichtigem Gut wie dem Kaffee wird der Preis schon seit Jahren nicht von den Herstellungskosten geprägt, sondern vor allem von den großen Waren- und Terminbörsen. Und so ist es traurig, aber wahr: Am Kaffee verdienen in erster Linie Händler und Banken sowie Kaffeeverarbeiter und Transportunternehmer, vor allem aber Regierungen: In allen wichtigen Kaffeeländern langt der Fiskus mit hohen Zöllen und / oder Steuern kräftig zu.

Ganz grob ergibt sich so folgendes Bild: Von dem Geld, das man für 1 Kilo Kaffee im Geschäft bezahlt, kommen nur rund 5 % bei den Arbeitern auf den Plantagen an. Die Plantagenbesitzer verdienen rund 10 Prozent. Fast 20 % fließen in die Taschen der weltweiten Händler und Kaffeeverarbeiter. Der Einzelhandel sackt über 20 % ein. Ca. 40 % entfällt auf Zölle, allgemeine Steuern und die Mehrwertsteuer sowie auf die Frachtkosten.

Auch wenn diese Zahlen nicht für jedes Land der Welt stimmen und sich immer wieder bewegen – eines ist stets gleich: Der Erlös für die Kaffeebauern bleibt verschwindend gering.

Die größten Rohkaffee-Importeure der EU (ungefährer Weltmarkt-Anteil in Prozent)

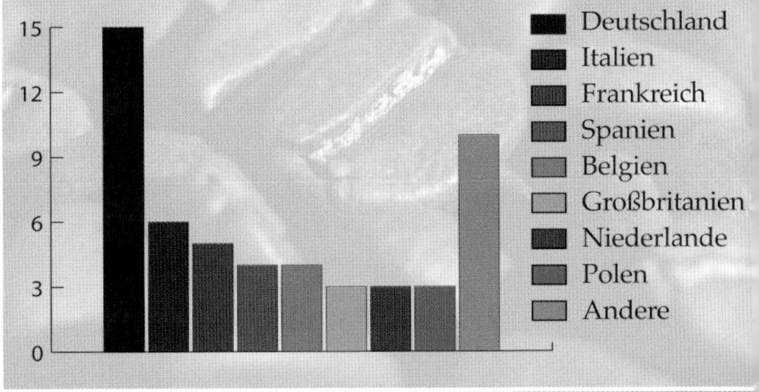

Fairtrade

Gerechte Preise & fairer Handel

Um die Lebens- und Arbeitsbedingungen von Kaffeebauern – aber auch von anderen Agrarerzeugern in Dritte-Welt-Ländern – zu verbessern, setzt sich die weltweit tätige Fairtrade Labelling Organization (FLO) für faire Handelsbedingungen ein. Gemeinsam mit ihren regionalen Unterorganisationen verleiht sie das Fairtrade-Siegel nur solchen Händlern, die den Erzeugern einen einigermaßen gerechten Preis für ihre Produkte garantieren.

Ein so ausgezeichneter Kaffee hat verschiedene Handelsbedingungen erfüllt. Die wichtigste: Die Kaffeebauern haben mindestens 10 US-Cent mehr für ein englisches Pfund (ca. 450 g) Kaffee erhalten, als der aktuelle Weltmarktpreis, mindestens jedoch 125 Cent.

Bezogen wird der Kaffee direkt von Genossenschaften oder Kleinbauernorganisationen, die bei der FLO eingeschrieben sind. Diese Zusammenschlüsse bestehen zumeist aus kleinen Familienbetrieben. Sie müssen politisch unabhängig sein und eine demokratische Struktur aufweisen, das heißt: Die Bauern können bei allen wichtigen Beschlüssen der Genossenschaft mit entscheiden, vor allem können sie über die Verwendung des Mehrerlöses durch den Fairen Handel mitbestimmen.

Doch damit nicht genug: Auch die Importeure, die ihre Produkte mit dem Siegel auszeichnen wollen, müssen sich bei der FLO registrieren lassen. Damit verbunden ist zum Beispiel, dass nachweislich eine langfristige Handelsbeziehung zu den Genossenschaften aufgebaut wird. Der Kaffee muss direkt von den Erzeugern bezogen werden. Außerdem müssen die Röster einen Aufschlag an die FLO zahlen.

Die FLO garantiert dabei, dass die Gelder auch wirklich bei den Genossenschaften an- und dort den Kleinbauern zugutekommen. Die Genossenschaften, aber auch die Röstereien und Vertreiber, werden regelmäßig kontrolliert und unterstützt. So können die Bauern z.B. faire Kredite in Anspruch nehmen oder sich fachkundigen Rat einholen.

Fairtrade setzt sich aber nicht nur für wirtschaftliche und soziale Belange ein, sondern auch für einen ökologischen Anbau, in dem z.B. den Bauern zusätzliche finanzielle Anreize geboten werden, wenn sie ihren Kaffee unter ökologischen Maßgaben anbauen und ernten.

Der Weg zum Kaffee

Der Rohkaffee

Zwei Kaffee-Welten

Jeder Liebhaber kann ihn nennen: seinen Lieblingskaffee. Allerdings: nur sehr wenige Gourmets können genau sagen, woher die Bohnen stammen, aus denen sie ihren Kaffeegenuss zubereiten, und wer genau die Bohnen geröstet hat. Mit dem Lieblingskaffee verbinden die meisten Menschen nur einen Markennamen, ein ausgefeiltes Produkt, das zumeist in gigantischen Mengen hergestellt wird und stets den gleichen Geschmack aufweist.

Dies macht deutlich, dass die Welt des Kaffees in zwei ungleiche Teile zerfällt: Auf der einen Seite stehen die industriell hergestellten Produkte, die weit über 90 % des weltweiten Kaffeekonsums abdecken. Sie liefern verlässliche Qualität zu einem in der Regel sehr guten Preis-Leistungs-Verhältnis. Auf der anderen Seite stehen kleine, zum Teil hoch spezialisierte Kaffeeröstereien, die nur minimale Chargen verarbeiten. Ihre Produkte sind meist sehr hochwertig und dementsprechend teuer. Außerdem sind ihre Kaffees meist nur regional erhältlich.

Qualität und Geschmack

Ausgangspunkt jedes Kaffeeprodukts ist der sogenannte Rohkaffee – und der ist nicht etwa braun, sondern gelblichgrün. Sein typisches Kaffeebraun erhält er erst durch die Röstung.

Auch wenn Kaffee überall auf der Welt auf sehr ähnliche Art und Weise angebaut und aufbereitet wird, so gibt es doch im Geschmack ganz erhebliche Unterschiede. Das beginnt schon bei der Sorte: Arabica-Bohnen sind in der Regel geschmacksintensiver und damit auch hochwertiger als Robusta-Bohnen.

Die Unterschiede innerhalb einer Sorte ergeben sich vor allem durch die Anbaubedingungen – beginnend bei der Höhenlage, in denen die Kaffeebäume wachsen, über die

Bodenbedingungen inklusive der Art der Düngung sowie den klimatischen Voraussetzungen (Temperaturen, Niederschlagsmengen, etc.) bis hin zum Erntezeitpunkt und zur Aufbereitung. Nicht unbedeutend sind zudem Frischegrad bzw. fachgerechte Lagerung und Transport. Die Unterschiede kann man übrigens nicht nur schmecken, sondern zum Teil auch sehen: Rohkaffee aus unterschiedlichen Anbauregionen sieht oft auch unterschiedlich aus. Die Bohnen sind größer oder kleiner, ovaler oder runder, dicker oder dünner.

Das alles lässt sich sehr gut mit Wein vergleichen: Auch hier kommt es beispielsweise darauf an, um welche Traubensorte es sich handelt, wo sie wächst, wie die klimatischen Bedingungen in einem Weinjahr sind oder wie gut der Winzer arbeitet.

Letztlich sind es unzählige Faktoren, die die feinen Unterschiede in der Qualität der Kaffeebohnen ausmachen. Sie in Bezug auf Herkunft und Verarbeitung bestimmen zu können, ist eine Wissenschaft für sich, die nur wenige Spezialisten beherrschen. Gleichwohl: Schmecken kann die Unterschiede eigentlich jeder – und je intensiver man sich mit Kaffee beschäftigt und je mehr man probiert und trinkt, desto mehr bilden sich Gaumen und Fachkenntnisse aus.

Der Einkauf von Rohkaffee

Er gehört zu den romantischen Bildern eines Kaffeegenießers: der Röster, der seinen Kaffee vor Ort direkt beim Bauern prüft und kauft. Und tatsächlich, es gibt sie: die kleinen feinen Röstereien, die förmlich jeden Kaffeebaum beim Namen nennen können, der die Früchte trägt, aus denen sie ihren Kaffee gewinnen. Sie sind allerdings die absoluten Ausnahmen.

Die Realität im Massenmarkt Kaffee sieht anders aus: Die weltweit agierenden großen Kaffeekonzerne können den gleichbleibenden Geschmack ihrer jeweiligen Produkte nur durch ausgeklügelte Mischungen verschiedenster Bohnen gewährleisten. Bei den gigantischen Mengen, die sie produzieren, ist es ihnen gar nicht möglich, z.B. nur bei einzelnen Kaffeebauern einzukaufen. Sie ordern ihre Rohstoffe beim Importeur, der genau weiß, welche Qualitäten mit welchen Geschmackseigenschaften der Kunde benötigt.

Die weltweit agierenden Großhändler liefern den industriellen Herstellern die Bohnen container- bzw. siloweise an. Wichtigstes Transportmittel ist dabei – wie seit Jahrhunderten – nach wie vor die Schifffahrt. Dementsprechend sind die Importeure zum größten Teil in den großen Hafenstädten dieser Welt angesiedelt. Hier befinden sich auch die oft gigantischen Lagerkapazitäten – heute nicht nur mehr

Hallen, sondern auch Silos und Containerplätze. Nur ein geringer Teil des Rohkaffees wird heute noch in Säcken transportiert. Die überwiegende Masse wird bereits in den Häfen der Herkunftsländer in Container eingeblasen, oft schon speziell für einen bestimmten Kunden auf der anderen Seite des Globusses.

Die großen Importunternehmen sind daher heute weit mehr als Transporteure oder Händler: Sie sind Dienstleister der Kaffeeindustrie, die durch ihre Qualitätskenntnisse und -kontrollen auf der einen und ihr Qualitätsmanagement auf der anderen Seite die Grundlage für den gleichbleibenden Geschmack z.B. eines bestimmten Massenkaffees schaffen. Durch ihre optimierten Importabläufe tragen sie erheblich dazu bei, dass der Kaffeepreis seit langem relativ niedrig ist.

Aber nicht nur die Großindustrie kauft beim Importeur: Auch die meisten kleinen Röstereien zählen zu ihren Kunden. Für sie ist es oft schlichtweg zu teuer, direkte Beziehungen zu Plantagen aufzubauen und langfristig zu pflegen. Allerdings: Die kleinen Röster ordern zumeist ganz spezielle Bohnen aus bestimmten Regionen und nehmen in der Regel die Qualitäts- und Geschmacksprüfung noch vor dem Kauf selbst vor.

Die Röstung

Hitze entfaltet den Geschmack

Neben der Grundqualität des Rohkaffees ist die Röstung das zweite entscheidende Geschmackskriterium beim Kaffee. Je nach der Art und Weise, vor allem auch nach der Dauer, wie die Bohnen erhitzt werden, entfalten sie ganz unterschiedliche Aromen.

Die Röstung ist ein Vorgang, bei dem sich der Kaffee auf verschiedene Weise verändert. So verdampft die im Rohkaffee enthaltene Feuchtigkeit. Zugleich blähen sich die Bohnen durch den Wasserdampf und die Röstgase auf das Doppelte ihres ursprünglichen Volumens auf. Auf der anderen Seite verliert der Kaffee an Gewicht: Durch den sogenannten Einbrand werden – je nach Röstgrad – der Bohne zwischen 11 und 20 % ihrer Bestandteile entzogen. Neben Wasser sind dies z.B. auch Öle oder anorganische Bestandteile.

Auch löst sich beim Rösten das Silberhäutchen ab, das die Rohbohne bislang noch umgibt. Zugleich verändert der Kaffee seine Farbe: vom ursprünglichen Gelbgrün über Gelb und Gelbbraun bis hin zu Braun. Wie stark sich die Farbe verändert, hängt von der Rösttemperatur und -dauer ab. Deshalb sind manche gerösteten Kaffeebohnen heller als andere.

Nicht zuletzt entfaltet der Kaffee bei der Röstung sein charakteristisches Aroma. Die bis zu 800 Inhaltsstoffe werden freigesetzt; jetzt kann der Kaffee gemahlen, aufgegossen und getrunken werden.

Die Röstverfahren

Die Erhitzung der Kaffeebohne kann mit zwei verschiedenen Methoden erreicht werden.

- Kontakt: Bei diesem auch gerne als „Bratpfannenprinzip" titulierten Verfahren hat der Rohkaffee direkten Kontakt zu einer erhitzten Fläche. Die Wärmeübertragung erfolgt also durch Berühren.

- Konvektion: Der Rohkaffee wird förmlich einem Heißgebläse ausgesetzt, also in heißer Luft geröstet. Das ermöglicht eine schnellere Röstung als beim Kontaktverfahren.

Werden die Bohnen durch eine Mischform aus Kontakt und Konvektion geröstet, spricht man auch von „überwiegender Konvektion".

Eine zweite Form der Unterscheidung beim Rösten betrifft die Menge an Rohkaffee, die verarbeitet wird. Dabei unterscheidet man:

- Chargenröstung: Hier wird der Kaffee in kleineren Mengen geröstet, also in kleineren Portionen – der Kaffeefachmann nennt sie Chargen. Dabei setzt man vor allem in den kleineren Röstereien das Kontaktverfahren oder die überwiegende Konvektion ein.

- Kontinuierliche Röstung: Hier kommen Maschinen zum Einsatz, die fortlaufend Rohkaffee rösten. Dieses Verfahren wendet man heute überwiegend bei der industriellen Verarbeitung von Rohkaffee an.

Je nach Röstverfahren kommen natürlich auch unterschiedliche Maschinen zum Einsatz. Bei der Chargenröstung benutzt man nach wie vor die klassische Rösttrommel: Der Rohkaffee kommt in eine geschlossene Trommel, die direkt

über der Hitzequelle gedreht wird. Die Trommel erwärmt sich, und durch das Drehen haben die in der Trommel befindlichen Bohnen gleichmäßig Kontakt zum heißen Behälter. Bei einigen Rösttrommeln wird zusätzlich von einer der Stirnseiten heiße Luft eingeblasen.

Früher wurden die Trommeln von Hand gedreht. Natürlich hat man das Verfahren kontinuierlich weiterentwickelt: Selbst in kleineren Röstereien arbeitet man heute so, meist mit Trommelröstmaschinen, die z.B. automatisch be- und entladen werden können.

Bei der hoch entwickelten industriellen Röstung arbeitet man mit langen, perforierten Röhren, in denen eine Schnecke den Rohkaffee langsam vorwärts bewegt. Durch die Löcher wird Heißluft in die Maschine geblasen, die die Bohnen erhitzt. Bei dieser kontinuierlichen Röstung befinden sich stets Bohnen im Zu- und im Ablauf. So wird es möglich, konstant große Kaffeemengen schnell und effizient zu rösten.

Neben diesen Verfahren gibt es noch eine ganze Reihe weiterer hoch spezialisierter Röstmaschinen und Industrieanlagen, z.B. solche, die mit Zentrifugalkräften arbeiten.

Kühlen & Reinigen, Sortieren & Verpacken

Nach dem Rösten werden die fertigen Kaffeebohnen zunächst abgekühlt. Dazu setzt man sie kalter Luft aus, zum Teil wird mit kaltem Wasser vorgekühlt.

Anschließend werden die Bohnen noch einmal gereinigt und sortiert. Im Rahmen der Endkontrolle überprüft man die Qualität der Röstung und den Geschmack der Bohnen. Bei Großröstereien werden die Bohnen dann zumeist in Silos zwischengelagert, bevor man sie mit anderen Chargen zum Endprodukt zusammenmischt.

Wird der Kaffee nicht als ganze Bohne angeboten, mahlt man die Mischungen in großen Kaffeemühlen. Der Mahlgrad bewegt sich dabei meist auf mittlerem bis feinem Niveau.

In automatischen Packstraßen gelangt der Kaffee dann in die 500-g- oder 1-kg-Packungen, die der Endverbraucher im Laden kaufen kann. Damit der Kaffee sein typisches Aroma möglichst lange behält, muss die Verpackung nach Möglichkeit den Kontakt zur Luft verhindern. Dabei kommen unterschiedliche Verpackungstechniken zum Einsatz: von Vakuum-Verpackungen über begaste Verpackungen bis hin zu Ventilpackungen.

Selbst rösten

Kaffee aus der Küche

Warum nicht einmal selbst Kaffee rösten? Alles was man dazu benötigt sind Rohkaffee – z.B. aus einem Feinkostgeschäft oder aus dem Internethandel – und eine Küche. Sicherlich: Der Beruf des Röstmeisters erfordert viel Wissen und Erfahrung, aber das Rösten selbst einmal auszuprobieren, macht Spaß. Allzu große Erwartungen an das Endprodukt sollte man aber nicht hegen – beim Selbst-Rösten steht der Kaffeespaß im Vordergrund. Genießbar wird der Kaffee trotzdem, vor allem, wenn man genau darauf achtet, dass die Temperaturen nicht zu hoch werden, der Kaffee also nicht verbrennt. Zwei Methoden stehen zur Wahl:

Pfannenröstung

Bei der Pfannenröstung kommt es entscheidend auf die Temperatur an. Sie darf 180–190 °C nicht übersteigen, ansonsten werden die Bohnen gebacken und nicht geröstet – oder anders ausgedrückt: sie verbrennen. Am besten überprüft man die Temperatur mit einem Backthermometer. Und so geht's: Die Pfanne auf kleinster Stufe ein paar Minuten vorwärmen. Dann die Bohnen in der Pfanne gleichmäßig verteilen. Die Pfanne nicht zu voll machen, da die Bohnen beim Rösten an Volumen gewinnen. Den Herd auf mittlere Stufe erwärmen. Nach ein paar Minuten verändern die Bohnen die Farbe und ihr Aroma entfaltet sich. Es gilt, die Bohnen ständig in Bewegung zu halten. Nach kurzer Zeit beginnt es zu knacken, die Häutchen lösen sich. Nach ca. 20 Minuten ist die Röstung abgeschlossen. Die fertigen Bohnen entweder mit kaltem Wasser abwaschen oder zum Trocknen auslegen. Nach 12 bis 24 Stunden erreichen die selbst gerösteten Bohnen ihr volles Aroma.

Ofenröstung

Am besten eignet sich ein Heißluft-Herd. Diesen zunächst auf 180–190 °C vorheizen. Das Backblech locker mit Bohnen bedecken und diese gleichmäßig verteilen – es sollten keine Bohnen übereinander liegen. Die Trocknung der Bohnen beginnt nach gut 5 Minuten. Nach insgesamt 10 Minuten das Blech aus dem Ofen nehmen und die Bohnen wenden und wieder gleichmäßig verteilen. Dabei nicht zu viel Zeit aufwenden – die Bohnen sollten möglichst schnell wieder in den Ofen. Dann die Bräunung der Bohnen sehr genau beobachten. Sie sollten nicht zu lange im Ofen verbleiben. Nach rund 15 Minuten ist die Röstung meist abgeschlossen. Das Blech aus dem Ofen nehmen und die Bohnen 12 bis 24 Stunden abkühlen lassen.

Löslicher Kaffee

Schnell und einfach Kaffee zubereiten: Dafür steht seit den 30er-Jahren des letzten Jahrhunderts der lösliche Kaffee. Vom japanischen Wissenschaftler Satori Kato 1901 in Chicago entwickelt, führte ihn der Schweizer Kaffeekonzern Nestlé zur Marktreife – und dieser Markenname ist heute noch der Inbegriff für dieses Produkt aus 100 % reinem Kaffee.

Die Produktion von löslichem Kaffee setzt bei den fertig gerösteten Bohnen an: Diese werden ähnlich wie bei der normalen Zubereitung zunächst mit Wasser aufgebrüht. Das Wasser löst alle wichtigen Aroma- und Inhaltstoffe aus den Bohnen. Es wird aber nicht etwa ein dünnflüssiges Kaffeegetränk gewonnen, sondern ein dickflüssiger Extrakt, der sofort gekühlt und anschließend getrocknet wird – entweder durch Hitze oder durch Gefriertrocknen. So erhält man ein Granulat, das durch Aufgießen mit heißem Wasser den ursprünglichen Kaffeegeschmack zurück erhält.

Mittlerweile gibt es ein breites Angebot an Produkten mit löslichem Kaffee, der bis zu 18 Monate in der Originalverpackung frisch bleibt. Dazu zählen vor allem Kombinationen mit Milchpulver, Aromazusätzen und Zucker, z.B. als „Cappuccino".

Schonkaffees

Bessere Bekömmlichkeit

Nicht jeder Mensch verträgt Kaffee gleich gut. So reagieren Menschen mit empfindlichem Magen häufig auf die Reizstoffe im Kaffee – z.B. mit Sodbrennen oder Völlegefühl. Vor allem ältere Menschen reagieren auf der anderen Seite über die Maßen auf das Koffein – Herzrasen und Schlaflosigkeit sind typische Symptome. Dennoch müssen auch diese Menschen nicht auf den Kaffeegenuss verzichten. Für sie stellt die Industrie den sogenannten Schonkaffee her, der in zwei Marktsegmente zerfällt:

- magenfreundliche Kaffees mit Koffein und
- entkoffeinierte Kaffees.

Magenfreundliche Kaffees

Die bessere Bekömmlichkeit bei magenfreundlichen Kaffees erreicht man durch verschiedene Maßnahmen. Bearbeitet wird dabei der Rohkaffee.

Die Kaffeebohnen umgibt eine dünne Wachsschicht, die bei der normalen Verarbeitung nicht abgelöst wird. Im ersten Arbeitsschritt bei der Herstellung von Schonkaffee wird dieses Wachs mechanisch abgerieben – die Bohne also noch einmal zusätzlich gereinigt. Dann setzt man die Bohne Wasserdampf, erhöhtem Druck und höheren Temperaturen aus. Das verändert die innere Struktur des Rohkaffees. Durch die Behandlung wird ein Teil der Inhaltsstoffe herausgelöst und zugleich der Säuregrad verringert.

Der gesamte Effekt lässt sich zum Teil noch verstärken, indem man zu besonders milden Bohnen greift. Je nach Hersteller können die Verfahren abweichen. So kommt es, dass manche Schonkaffee-Trinker einige dieser Spezialkaffees besonders gut, andere jedoch weniger gut vertragen.

Entkoffeinierter Kaffee

Die 1 bis 1,5 % Koffein in Arabica und die 2 % in Robusta kann man mittels verschiedener Verfahren aus den Bohnen herauslösen. Ausgangspunkt sind – wie beim Magenfreundlichen Kaffee – die grünen Rohbohnen. Sie werden erst gedämpft, dann entkoffeiniert und schließlich getrocknet.

Das Dämpfen bzw. Wässern dient dazu, das an den Zellwänden angelagerte Koffein durchlässig zu machen. Die Entkoffeinierung geschieht nicht etwa durch einen chemischen Prozess, sondern physikalisch durch ein Extraktionsmittel.

Als Extraktionsmittel, die das Koffein aufnehmen, benutzt man Dichlormethan, Ethylacetat, Kohlendioxyd oder einen speziellen Kaffeeextrakt. Die Extraktion wird so lange durchgeführt, bis der Koffeingehalt unter 1 g auf ein 1 kg Trockenmasse gesunken ist – so viel darf Kaffee, der in der Europäischen Union als entkoffeiniert gilt, maximal aufweisen. Nach dem Prozess kann das Koffein aus dem Extraktionsmittel wieder herausgelöst werden, sodass man dieses erneut einsetzen kann.

Abschließend wird der entkoffeinierte Kaffee auf die übliche Restfeuchte heruntergetrocknet und kann dann ganz normal weiterverarbeitet werden.

Milde Sorten

Ähnlich, aber nicht zu verwechseln mit den Schonkaffees, sind die sogenannten „Milden Sorten". Dies sind ganz herkömmlich hergestellte Kaffees, ohne besondere Spezialbehandlung. Vielmehr sind diese Sorten aus Bohnen zusammengemischt, die sich durch einen sehr milden Geschmack auszeichnen. Diese Bohnen besitzen von Natur aus einen geringeren Säureanteil und sind daher generell magenfreundlicher. Der Koffeingehalt ist allerdings in der Regel genauso hoch wie bei anderen Kaffeesorten.

Für die meisten Kaffeeliebhaber sind die milden Sorten allerdings nicht so attraktiv, steht für sie mild doch zugleich für einen nicht so intensiven Kaffeegeschmack: Milde Sorten schmecken etwas flacher und entfalten ihr Aroma nicht so intensiv wie kräftigere Kaffees.

Die Kaffeearten

Der Röstgrad ist entscheidend

Die Röstung entscheidet, für welchen Kaffeegenuss sich die Bohnen anschließend empfehlen, ob also z.B. für einen Filterkaffee oder für einen Espresso. Der Unterschied liegt im Röstgrad, der optisch an der Verfärbung der Bohnen zu erkennen ist. Für den Röstgrad sind die Rösttemperatur und die Dauer der Röstung maßgeblich. Eine annähernd gleichfarbige Bohne kann also durch hohe Hitze und kurze Röstdauer, durch ein ausgewogenes Verhältnis von beidem oder eine niedrigere Temperatur und eine lange Röstdauer ihr Aussehen erhalten haben. Je nachdem, für welche Variante sich der Röstmeister entscheidet, können selbst gleich aussehende Bohnen einer Sorte leicht unterschiedlich schmecken. Geschmacksbeeinflussend kann auch der Aufbau der Röstmaschine sein.

Insgesamt unterscheidet man fünf verschiedene Röstgrade, die fast alle nach den Ländern bzw. Orten benannt sind, in denen sie ursprünglich bevorzugt wurden:

- **Zimtröstung** (Cinnamon Roast): sehr helle, zimtfarbene Bohnen.

- **Amerikanische Röstung** (American Roast): hellbraune bis kastanienfarbene Bohnen.

- **Wiener Röstung** (Vienna Roast): mittelbraune Bohnen mit leichtem Glanz.

- **Französische Röstung** (French Roast): dunkelbraune Bohnen mit deutlichem Glanz.

- **Italienische Röstung** (Italian Roast): auch Espressoröstung genannt; die Bohnen sind dunkelbraun bis schwarz.

Bezüglich des Geschmacks gilt grundsätzlich: Je heller die Röstung, desto säuerlicher der Geschmack. Der Kaffee schmeckt dafür aber weniger bitter. Eine intensivere Röstung führt zu einem süßlicheren Geschmack mit wenig Säure, dafür aber zeigen sich die Kaffees bitterer.

Bei vielen Kaffees, die im Handel erhältlich sind, handelt es sich um Mischungen. Das betrifft nicht nur die Bohnen an sich, sondern auch die Röstgrade. Eine der bekanntesten ist die sogenannte Wiener Mischung.

Türkischer Mokka

Unter den Kaffeesorten nimmt der türkische bzw. arabische Mokka eine Sonderstellung ein. Während Filterkaffee oder Espresso aus den unterschiedlichsten Bohnen gewonnen wird, setzt man für diese Kaffeespezialität gerne eine arabische kleinbohnige, säurehaltige Kaffeebohne ein.

Man benannte sie nach der Hafenstadt Al Mukah am Roten Meer, dem späteren Mokka. Von hier aus gelangte der Kaffee zunächst in alle Regionen Arabiens und nach Kairo, von wo aus das neue Getränk seinen Weg in die Welt fand. Unter den Mokka-Sorten gelten Mocha Sanani und Mocha Mattari als die besten. Dieser Kaffee verdankt seinen schokoladigen Geschmack und seine Qualität dem heißen und trockenen Klima im Jemen, wo die Bohnen angebaut werden.

Zu den Besonderheiten dieses Kaffees zählt auch, dass er besonders fein gemahlen wird – die Konsistenz des Kaffeepulvers ist fast staubartig, ähnlich dem von Puderzucker. Der Mahlgrad ist eng mit der einzigartigen Zubereitungsart verbunden: Der Mokka wird mit dem Wasser zusammen zum Kochen gebracht – der Kaffeesatz verbleibt in dem Heißgetränk (siehe auch Seite 102).

Fertigprodukte

Grundsätzlich setzt man für Fertigprodukte wie Pads oder Kapseln sowie für löslichen Kaffee keine anderen Bohnen als bei Standardkaffees ein – sieht man einmal davon ab, dass es sich hier meist um preiswertere Robustasorten handelt.

Genau wie bei den ganzen oder vorgemahlenen Bohnen unterscheiden sich die verschiedenen Produkte auch in diesem Bereich vor allem durch die Art der Röstung. Man findet dementsprechend helle Röstungen genauso wie beispielsweise dunkle Espresso-Sorten.

Dennoch lohnt sich auch bei Fertigprodukten oft ein genauer Blick auf die Verpackung, vor allem von „Spezialitäten" wie Latte-Macchiato oder Cappuccino. In diesen sehr beliebten Heißgetränken befinden sich nämlich nicht immer nur Kaffee- und Milchpulver, sondern zum Teil auch Zucker und andere Geschmacksträger – von reinem Kaffeegenuss kann man dann also nicht mehr sprechen. Gleichwohl lässt sich allerdings konstatieren, dass es genau diese Zusätze sind, die diese Produkte am Markt so erfolgreich machen.

Die Kaffeequalität

Kaffee richtig bewerten

Er ist ein Spezialist mit feinst ausgebildeter Nase und Geschmack: der Barista – auch wenn dies keine geschützte Berufsbezeichnung ist und sich eigentlich jeder Kaffeekenner unabhängig von seinem Können so nennen darf. Zu einem echten Barista gehören zwar vor allem viel Erfahrung und sehr gute Geschmacksnerven, aber: Die Kriterien, die er anlegt, kann jeder Kaffeeliebhaber nachvollziehen. Bei der Qualitätsbewertung von Kaffee kommt es nicht allein auf den Geschmack an, sondern auch auf Aussehen und Duft.

Ein guter Kaffee lässt sich wie folgt beschreiben: Er sollte rein sein, das heißt, einen sehr einheitlichen Gesamteindruck hervorrufen. Dies betrifft die Farbe der Bohnen genauso wie den Geruch oder das Geschmackserleben. Er muss durch und durch nach Kaffee riechen und schmecken. Außerdem sollte er Charakter beweisen und sich damit deutlich von nichtssagenden Sorten unterscheiden. Sehr positiv sind zudem wenig Säure, würziger Duft und Geschmack sowie ein leicht sahniger Charakter.

Schritt für Schritt beurteilen

1. Ganze Bohnen betrachten

Am Anfang steht ein kritischer Blick auf die Bohnen: Sie sollten gleichmäßig groß sein und gleich aussehen. Beurteilen kann man nicht nur die Farbe, sondern auch Form und Größe. Sehr gute Bohnen sind nicht zerbrochen, sehen natürlich aus und sind frei von Häutchenresten.

2. Kaffee mahlen und daran riechen

Durch das Mahlen entfalten sich die Aromen weitaus mehr als bei ganzen Bohnen. Je nach Bohne und Röstung können sehr unterschiedliche Dufteindrücke spürbar sein, wie z.B. die Aromen von Butter, Erde, Harz, Holz, Karamell, Kräutern, Malz, Nuss, Rauch, Vanille, Würze oder Zeder. Minderwertige Sorten können eine Vielzahl von sogenannten Fehlern aufweisen und so z.B. nach Stroh, Asche, Teer, Verbranntem, Fisch, Gras, Gummi, Moder oder Seife riechen.

3. Kaffee zubereiten und dann schlürfen

Zum Verkosten sollte der Kaffee schwarz, also ohne Zucker und Milch bzw. andere Zugaben getestet werden. Bevor man ihn trinkt, gilt auch hier wieder ein Blick dem Aussehen, z.B. der Crema. Und natürlich wird auch jetzt zunächst gerochen – welche Aromen spürt die Nase nun auf?

Erst zum Schluss wird dann der Kaffee geschlürft, wobei er langsam über die Lippen und die Zunge zum Gaumen fließt. Zuerst geht es um das Geschmackserlebnis an sich: Schmeckt der Kaffee süß, bitter oder sauer? Ist der Genuss rund, der Eindruck vorne auf der Zunge genauso gut wie der Nachgeschmack? Hat man den Eindruck, dass der Kaffee ausgewogen schmeckt oder wird das Geschmackserlebnis durch unerwünschte Komponenten eingeschränkt?

Erst im zweiten Schritt wendet man sich dann wieder den Aromen zu. Dabei legt man die gleichen Kriterien an wie beim Geruch (Schritt 2, s.o.). Oft muss man mehrere kleine Schlückchen schlürfen, um das gesamte Spektrum erfassen und für sich bewerten zu können.

Sollen mehrere Kaffeesorten getestet werden, gilt es darauf zu achten, dass sich die Eindrücke nicht gegenseitig verwischen. Man greift stets zu einer neuen, am besten vorgewärmten Tasse. Zum Trennen empfiehlt es sich zwischen den Sorten ein Glas stilles Wasser zu trinken, eventuell auch ein Stück unbelegtes Weißbrot zu essen. Aber Achtung: Trinkt man schnell zu viel Kaffee, dann können die Geschmacksnerven nicht mehr alle Aromen aufspüren. Und: Nicht selten schläft man nach zu vielen unterschiedlichen Kaffees einfach schlecht.

Den richtigen Kaffee finden

Wie Kaffee schmeckt, hängt entscheidend von der Zubereitungsart ab (siehe auch Seite 84 ff). Für den Kaffeegenuss zuhause bringt es also nichts, wenn eine bestimmte Art aus einer italienischen Espressomaschine hoch gelobt wird, man selbst seinen Kaffee aber so nicht zubereitet. Und auch Verkostungen im Kaffee-Feinkosthandel sind aus dem gleichen Grund nur bedingt nützlich.

Es gilt vielmehr, seinen „eigenen Lieblingskaffee" zu finden. Die Bewertungen und Empfehlungen von Fachleuten und geschulten Verkäufern können dabei nur einen ersten Anhaltspunkt bieten. Ein guter Fachverkäufer fragt die Zubereitungsart und die Geschmacksvorlieben seiner Kunden ab, bevor er eine oder mehrere bestimmte Bohnen empfiehlt.

Oft gilt es, der Bohne auch eine Chance zu geben: Eine einzelne Verkostung ist nur selten ein guter Maßstab. Nicht nur, dass das Geschmacksempfinden an verschiedenen Tagen unterschiedlich sein kann – auch unterschiedliche Mahlgrade ergeben zum Teil sehr voneinander abweichende Ergebnissse (siehe auch Seite 88 ff). Deshalb empfiehlt es sich, mit dem Kaffee ein wenig zu experimentieren und verschiedene „Tests" an unterschiedlichen Tagen durchzuführen.

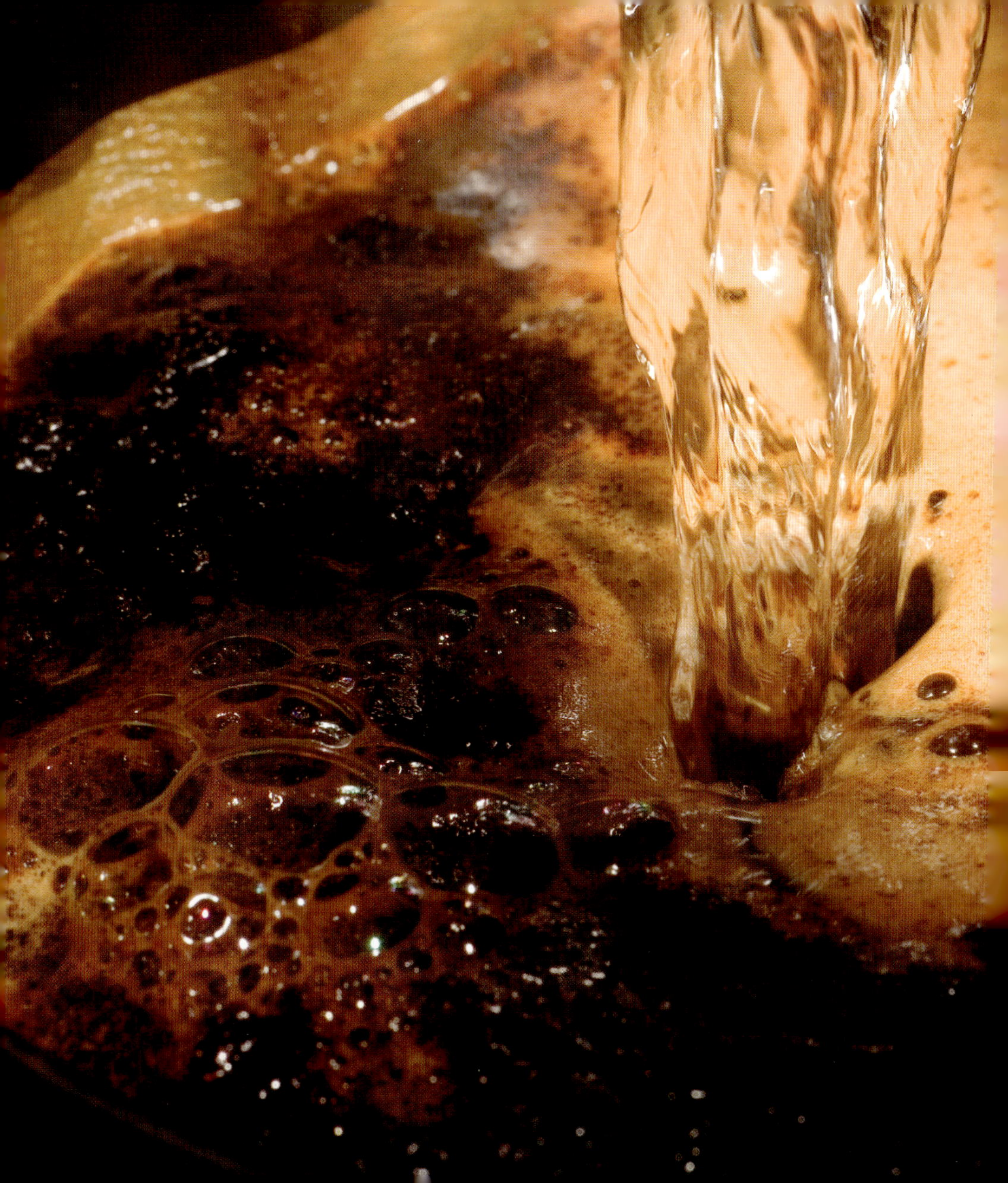

Die Zubereitung

Der Feinschliff

Eine Frage des Geschmacks

Wer hat das nicht schon erlebt: Da kennt und schätzt man einen bestimmten Kaffee als aromatisch und vollmundig. Und dann bekommt man den gleichen Kaffee anderswo serviert, und man findet ihn nur noch fade und nichtssagend.

Der Grund liegt auf der Hand: Nach der Bohnensorte und der Röstung ist die Zubereitung der dritte und vielleicht auch wichtigste geschmacksprägende Faktor beim Kaffeegenuss. Denn durch schlechte Zubereitung kann man nicht nur einen Spitzenkaffee abwerten, sondern vor allem auch durch gute Zubereitung einen mittelmäßigen Kaffee zu einem runden Genuss aufwerten.

Verschiedene Faktoren sind dabei maßgebend: Das beginnt beim Mahlen der Bohnen und der Menge des verwendeten Kaffeepulvers, reicht über die richtige Menge und Temperatur des Wassers bis hin zu der Art des Aufgusses. Selbst die Wahl der Maschine zum Kaffeekochen kann hier eine entscheidende Rolle spielen.

Der Mahlgrad

Die Entfaltung der Aromen

Die Unterschiede zwischen den Kaffees sind fein – im wahrsten Sinne des Wortes: Denn wie und wie fein der Kaffee gemahlen wird, trägt ganz entscheidend zum Geschmackserlebnis bei.

Bei Kaffee ist es grundsätzlich wie bei allen anderen Lebensmitteln auch: Frisch zubereitet schmecken sie am besten. Und der wesentliche Schritt in Bezug auf die Frische bei der Zubereitung ist das Mahlen. Grundsätzlich gilt deshalb: Die Bohnen am besten immer direkt vor der Zubereitung mahlen.

Man könnte zwar auch ganze Bohnen aufsetzen, dann hätte das Wasser aber nur sehr geringe Berührungsflächen mit dem Kaffee. Durch das Zerkleinern der Bohnen werden die Aromen freigesetzt. Die Inhaltsstoffe des Kaffees können sich im heißen Wasser besser lösen – der Kaffeegeschmack wird intensiver. Die zermahlenen Bohnen geben ihre Aromen aber nicht nur im Wasser ab, sondern auch in der Luft. Wenn

der gemahlene Kaffee zu lange offen gelagert wird, verliert er deshalb an Geschmack.

Kaffeemehl unterscheidet man nach dem Mahlgrad in die drei Stufen mittel, fein und sehr fein. Für welchen Mahlgrad man sich entscheiden sollte, ist sehr von der Zubereitung abhängig. Denn je nach gewählter Methode oder Maschine sind unterschiedliche Grade am besten geeignet.

- Mittel: Nach dem Mahlen sind die Teile der Kaffeebohne noch ganz leicht körnig, aber bei weitem nicht so wie z.B. bei Instant-Granulat. Diese Mahlmethode nutzt man eigentlich nur für Kaffee, der mit einem Kaffeebereiter (Stempelkanne) zubereitet wird (siehe auch S. 98).

- **Fein:** Dies ist der richtige Mahlgrad für Filterkaffee. Als Anhaltspunkt für die richtige Körnung kann man vorgemahlenen Industrie-Filterkaffe heranziehen.

- **Sehr fein:** Espressobohnen und solche, die durch Dampfgeräte zubereitet werden, sollten sehr fein gemahlen werden.

Den richtigen Mahlgrad für die gewählten Kaffeebohnen findet man oft erst durch Experimentieren heraus. Bei Espresso liefert dabei die Crema eine gute Richtschnur: Ist sie zu hell, muss feiner gemahlen werden, ist sie zu dunkel oder tritt der Kaffee nur tropfenweise aus der Maschine, ist er zu fein gemahlen.

Einen perfekten Mahlgrad erreicht man am einfachsten mit einer elektrischen Kaffeemühle, bei der dieser genau eingestellt werden kann. Die Geräte sind allerdings relativ teuer – an dieser Stelle Geld zu investieren lohnt sich jedoch oft mehr als bei Maschinen.

Bei vielen Vollautomaten kann man den Mahlgrad anhand einer Skala einstellen. Da die Hersteller unterschiedliche Mahlwerke einsetzen, lässt sich hier allerdings keine Einstellungsempfehlung geben

Bei den einfachen elektrischen Kaffeemühlen bestimmt die Einschaltdauer den Mahlgrad; hier nimmt man am besten eine Uhr mit Sekundenzeiger zur Hilfe. Handmühlen, bei denen der Mahlgrad nicht verstellt werden kann, sind weniger geeignet.

Das richtige Wasser

Kaffeegenuss optimieren

Welche Rolle das zum Kaffeekochen verwendete Wasser spielt, wird vor allem klar, wenn man sich den Geschmack eines Kaffees aus abgestandenem chlorreichem Wasser vorstellt – der würde wohl niemandem schmecken.

Das Beispiel zeigt, dass die im Wasser enthaltenen Stoffe sehr wohl Auswirkungen auf den Kaffeegeschmack haben – und das unabhängig vom Brühverfahren. Grundsätzlich gilt: Das zum Kaffeekochen verwendete Wasser sollte

- stets frisch,
- sauerstoffhaltig und
- mineralreich sein sowie
- einen mittleren Härtegrad aufweisen.

Der Sauerstoff ist für die Frische zuständig. Die enthaltenen Mineralien und Salze sind wichtige Geschmacksträger. Beide zusammen prägen also den Kaffeegenuss mit.

Der Härtegrad

Durch das Erhitzen des Wassers beim Kaffeekochen wird Calcium gelöst, das sich dann als Kalk (Calciumkarbonat) in den Maschinen absetzt. Deshalb müssen Kaffeemaschinen regelmäßig entkalkt werden. Wie oft das passieren muss, hängt entscheidend vom Härtegrad des Wassers ab. Je höher dieser ist, desto mehr Kalk lagert sich ab. Mit Blick auf die Maschinen ist also möglichst weiches Wasser vorteilhaft. Auf der anderen Seite trägt das Calcium auch zum Geschmack bei. Deshalb ist ein mittlerer Härtegrad zum Kaffeekochen empfehlenswert. Der Härtegrad des Wassers wird in Millimol pro Liter angegeben, empfehlenswert sind 1,5 bis 2 mmol/l.

Welchen Härtegrad das Leitungswasser aufweist, ist vom örtlichen Wasserversorger zu erfahren oder kann mit speziellen Teststreifen geprüft werden. Ist der Härtegrad zu hoch, kann man den Einsatz von speziellen Wasserfiltern in Betracht ziehen oder auf stilles Wasser aus der Flasche ausweichen – das ist allerdings ein relativ teures Unterfangen. Mit Kohlensäure angereichertes Mineralwasser ist übrigens nicht fürs Kaffeekochen geeignet. Durch die Kohlensäure können sich die Aromastoffe des Kaffeemehls weniger gut lösen. Zudem können Kaffeemaschinen beschädigt werden.

Kochen von Hand

Alles selbst im Griff

Viele Kaffeegenießer schwören darauf, ihr Lieblingsgetränk von Hand aufzubrühen. Und das aus gutem Grund: Denn ganz gleich, ob Filterkaffee, Espresso aus dem klassischen Kocher oder türkischer Kaffee: Beim Kochen von Hand kann man alle geschmacksprägenden Eigenschaften genau beeinflussen: von Menge und Mahlgrad des Pulvers über Wassermenge und -temperatur bis hin zum Brühvorgang selbst.

Filterkaffee

Filterkaffee von Hand zuzubereiten ist eine Zubereitungsform, die vor allem in Mittel-, Ost- und Nordeuropa sowie in Amerika eine lange Tradition hat. Um das Aroma der Bohnen, die fein gemahlen sein sollten, perfekt zur Geltung zu bringen, sind drei Faktoren entscheidend: das richtige Verhältnis von Kaffeepulver und Wasser, eine optimale Wassertemperatur und der Brühvorgang an sich.

Absolut geschmacksprägend ist das richtige Mengenverhältnis von Kaffeepulver und Wasser. Die Faustregel lautet: 55 Gramm Kaffeepulver auf 1 Liter Wasser. Wie viel Kaffee genau man benötigt, hängt von der Menge des zuzubereitenden Kaffees ab: Je kleiner die Menge an Wasser – z.B. nur für ein oder zwei Tassen – desto mehr Kaffee ist sinnvoll. Bei größeren Mengen – z.B. acht Tassen – reicht weniger Kaffee aus. Hilfreich beim Portionieren ist ein Kaffeelot: ein gestrichener Löffel pro Tasse (ca. 125 ml). Im Zweifelsfalle nimmt man etwas mehr Kaffeepulver – wenn das Brühergebnis zu stark sein sollte, kann man den Kaffee immer noch mit etwas heißem Wasser „strecken". Stärker machen kann man den Kaffee allerdings nicht.

Kaffee sollte möglichst heiß sein. Deshalb ist es empfehlenswert, die Kanne vorzuwärmen. Am einfachsten ist es, in die Kanne für ein bis zwei Minuten heißes Wasser einzufüllen.

Bei den Filterhaltern hat man die Wahl zwischen preiswerten aus Kunststoff oder teureren aus Porzellan. Letztere halten die Temperatur beim Brühen auf höherem Niveau – einige Kaffeespezialisten wärmen diese sogar vor. Der Filterhalter sollte sicher auf der Kanne sitzen und nicht wackelig. Für einige Kannen wie Thermoskannen sind deshalb Filter mit dünnem Hals empfehlenswert.

Die Filtertüten sind unten und an einer Seite zusammengeklebt. Die untere Klebekante wird vor dem Einsatz des Papiers in den Filterhalter zur Seite gefaltet – das Filterpapier soll den Filtervorgang nicht verlangsamen, sondern eben nur filtern.

Die Wassertemperatur sollte gut 90 °C betragen. Dazu bringt man das Wasser zum Kochen, wartet, bis es keine Bläschen mehr wirft und zählt dann knapp zehn Sekunden ab. Jetzt sollte die richtige Temperatur erreicht sein.

Zunächst gießt man nun vorsichtig nur so viel Wasser ein, bis das Pulver knapp mit Wasser bedeckt ist und wartet dann, bis dieses Wasser durchgelaufen ist. Dadurch verdichtet sich das Pulver. Erst jetzt wird das weitere Wasser in kreisender Bewegung nicht zu schnell in den Filter gegossen. Wenn größere Mengen Kaffee komplett durchgelaufen sind, rührt man das Heißgetränk noch einmal um, damit die gesamte Kaffeemenge einen gleich intensiven Geschmack aufweist.

Kaffeebereiter

Für viele Kaffeeliebhaber gilt sie als die beste Methode, ihr Lieblingsgetränk von Hand zuzubereiten: das Aufbrühen mit einem Kaffeebereiter, der nach dem sogenannten Pressosystem arbeitet.

Das System ist denkbar einfach: Das gemahlene Kaffeepulver kommt in eine Glaskanne. Dann wird heißes Wasser darüber gegossen. Man lässt den Kaffee nun eine Weile ziehen, bis das Wasser ausreichend Kaffeearoma angenommen hat. Anschließend presst man von Hand einen Filter bis auf den Boden der Kanne. Dabei wird der Kaffeesatz verdichtet und bleibt beim Umgießen des Kaffees in die Tasse in der Kanne zurück.

Um den Brühvorgang optimal gestalten zu können und den Kaffee auf richtiger Temperatur zu halten, sollte der Kaffeebereiter vorgewärmt werden. Da die Kannen meist aus feuerfestem Glas bestehen, können sie direkt auf einer Elektroherdplatte erwärmt werden. Zu heiß sollte die Kanne allerdings nicht sein – dann brennt das Kaffeemehl an.

Auch beim Kaffeebereiter gelten grob die gleichen Mengenangaben wie beim Filterkaffee: Pro Tasse Kaffee (ca. 125 ml) rechnet man mit 7 bis 8 Gramm Kaffeemehl. Das sollte „grob" gemahlen sein (siehe S. 88 ff). Wenn es zu fein ist, kann das Sieb das Kaffeemehl nicht ausreichend verdichten. Das Pulver läuft dann durch das Sieb mit in die Tasse und schmälert den Trinkgenuss.

Wie gut der Kaffee gelingt, ist auch hier wieder von der Wassertemperatur abhängig. Am besten kocht man das Wasser auf und wartet dann, bis sich keine Blasen mehr zeigen. Zählt man dann bis zehn, sollte das Wasser anschließend die optimale Temperatur von gut 90 °C aufweisen.

Die benötigte Wassermenge sollte sofort in einem Guss schnell in den Kaffeebereiter gegossen werden. Durch das Eingießen verwirbelt das Kaffeemehl bereits im Bereiter. Es sackt dann allerdings relativ schnell nach unten ab. Um die Aromen optimal zu lösen, sollte man deshalb nach gut einer Minute noch einmal umrühren – wer es stilvoll mag, benutzt dazu den Griff eines langen Holzlöffels.

Je nach verwendeter Bohne und gewünschtem Geschmack lässt man den Kaffee 5 bis 7 Minuten ziehen. Dann wird das Sieb im Kaffeebereiter langsam nach unten gedrückt: der Kaffee ist fertig.

Espressokanne

Sie ist der Klassiker unter den Espressokochern und fehlt wohl in keinem italienischen Haushalt: die achteckige, silberfarbene Espressokanne. Sie ist dabei sowohl Zubereitungs- als auch Serviergerät. Der Italiener Alfons Bialetti erfand sie 1933 und seine Erfindung war bei aller Einfachheit so genial, dass sie bis heute immer noch in ihrer Urform erhältlich ist.

Die Kannen gibt es in verschiedenen Größen, von kleinen für ein bis zwei Tassen bis hin zu großen für acht bis zehn Tassen. Auch wenn die Grundform stets gleich ist, so gibt es auch hier Qualitätsunterschiede. Einfache Kannen sind komplett aus Aluminium gefertigt, hochwertigere besitzen einen Edelstahlboden. Dieser empfiehlt sich vor allem, wenn man den Espresso nicht auf einem Gasherd, sondern auf einem Elektroherd zubereitet – Edelstahl leitet die Hitze besser als Aluminium. Beim Kauf gilt es auch auf die Fertigungsqualität zu achten: Gute Kannen lassen sich leicht auf und zudrehen, der Deckel schließt besser und sie machen insgesamt einen hochwertigeren Eindruck.

Für die Zubereitung setzt man ausschließlich sehr dunkel geröstete Bohnen ein, die fein gemahlen sein sollten. Die meisten Kaffeehersteller und Röstereien weisen die entsprechenden Kaffees auch speziell als Espresso aus.

Die Kanne besteht im Prinzip aus drei Elementen: Unten befindet sich der „Wassertank“. Wenn das Wasser erhitzt wird, steigt der Druck in der Kanne: der Wasserdampf wird durch einen Siebträger mit dem Kaffeepulver nach oben gepresst und dann weiter durch ein Röhrchen bis fast unter den Deckel der Kanne gedrückt. Dort tritt der fertige Kaffee aus und sammelt sich im oberen Behälter der Kanne.

Für die Qualität des Espressos ist wie bei allen anderen Zubereitungsarten auch wieder die richtige Kaffeemenge entscheidend. Ein gestrichenes Lot pro Tasse ist auch hier das richtige Maß. Allerdings sind die Wassermengen wesentlich kleiner als bei anderen Kaffeearten: Pro Tasse genügt hier die halbe Menge im Vergleich zu einer Tasse Filterkaffee. Am besten misst man die Wassermenge mit einer Espressotasse ab.

Das Kaffeemehl wird portionsweise in den Siebträger gefüllt. Wichtig ist, die gemahlenen Bohnen etwas zu verdichten, damit der Wasserdampf nicht zu schnell durch sie hindurch drückt. Dann wird der kleine Schwarze nämlich nicht kräftig genug. Zum Verdichten kann man die Unterseite eines Kaffeelots benutzen – es gibt aber auch spezielle Drücker.

Türkischer Mokka

Das Zubereiten eines türkischen Mokkas unterscheidet sich grundlegend von den Brühmethoden aller anderen Kaffeesorten, denn hier wird der Kaffee im wahrsten Sinne des Wortes gekocht.

Beim Aufbrühen bedient man sich eines speziellen Kupfer- oder Messingstielkännchens, das – früher indirekt im heißen Sandbett – heute auf dem Gasherd erhitzt wird. In den Mokkaländern gibt es sogar speziell dafür vorgesehene kleine Herdplatten auf der Kochfläche eines Ofens.

Die Kupferkännchen nennt man Ibrik oder auch Cezve; sprich: „Dscheswe". Für jede Tasse Kaffee füllt man einen Löffel Kaffeepulver und einen Löffel Zucker in den Ibrik. Mit einer Mokka-Tasse misst man die entsprechende Wassermenge ab, die dann zu dem Kaffeepulver gegeben wird.

Die Kännchen gibt es in verschiedenen Größen zum Aufbrühen einzelner oder bis zu acht Tassen. In vielen Haushalten finden sich dekorative Ständer, an denen mehrere Kännchen in unterschiedlichen Größen hängen. Wie auch bei den Porzellantassen bietet der Handel die Kännchen in verschiedensten Designs an. Edle Ibriks sind aus hochwertigen Metallen wie Kupfer gefertigt sowie aufwändig und kunstvoll verziert. Zudem gibt es passende Aufbewahrungsdosen für den Kaffee sowie auch entsprechend ausgearbeitete Handmühlen.

Der Brühvorgang geschieht in mehreren Schritten: Der Ibrik wird auf dem Kocher erhitzt, bis der Kaffee brodelnd schäumt, danach vom Kocher genommen und umgerührt. Dies wird insgesamt dreimal wiederholt, bevor der Kaffee samt Schaum in den Tassen verteilt wird.

Je nach Ländertraditionen variiert die Zubereitungsform leicht. So gibt man in der Türkei in der Regel bereits vor dem Aufkochen einen Teelöffel Zucker zum Kaffeepulver hinzu – es wird also gesüßter Kaffee gekocht. In anderen, vor allem in vielen arabischen Ländern, verzichtet man jedoch auf den Zucker. Stattdessen kocht man den Mokka im Ibrik mit Gewürzen wie Kardamom oder auch Zimt auf. Wie beim „europäischen" Kaffeegenuss gibt es also auch beim Mokka unterschiedliche Kaffeespezialitäten.

Halbautomaten

Individuell & schnell zubereiten

Unter Halbautomaten versteht man Kaffeemaschinen, die das Erhitzen des Wassers übernehmen, während man das Kaffeemehl von Hand abmisst und portionsweise in die Maschinen einfüllt. Die Geräte vereinfachen das Kaffeekochen erheblich und sind in der Regel nicht allzu teuer.

Filtermaschine

Sie ist der große Klassiker unter den Kaffeemaschinen und gilt so landläufig auch als Inbegriff für diese: die Filtermaschine. Zu ihren größten Vorteilen zählt, dass es kein anderes System gibt, mit dem man so leicht und schnell größere Mengen Kaffee zubereiten kann.

Die Technik ist bei allen Maschinen gleich: Das Wasser wird in einem Durchlauferhitzer auf ca. 95 °C erhitzt. Es entsteht Dampf, der das Wasser durch ein Röhrchen nach oben über den Kaffeefilter führt. Von dort aus tropft es in den Filter. Dennoch gibt es Unterschiede, z.B. hinsichtlich der Qualität der verarbeiteten Teile. Bei Markengeräten sind sie nicht nur hochwertiger, hier gibt es meist auch einen Ersatzteilservice. Und: Je hochwertiger das Heizsystem, desto schneller wird der Kaffee „gekocht". Einige Hersteller werben mit sogenannten Aromasystemen. Bei diesen Maschinen ist das Filtersystem weitgehend geschlossen. Das soll dazu führen, dass beim Brühen weniger Aromen in die Luft entweichen.

Einen großen Unterschied macht es aus, ob die Maschine mit einer Glaskanne und Heizplatte oder mit einer Thermoskanne ausgestattet ist. Grundsätzlich ist letztere empfehlenswerter, vor allem, wenn sich nur noch wenig Kaffee in der Kanne befindet. Denn in diesem Fall wird bei Maschinen mit Herdplatte und Glaskanne der Kaffeerest in der Kanne oft zu heiß – Wasser verdampft und die Qualität leidet.

In Bezug aufs Handling ist vor allem die Größe entscheidend – Standardmaschinen sind für 2 bis 10 Tassen ausgelegt, wobei „1 Tasse" ca. 125 ml entspricht. Je genauer sich der Füllgrad des Wassertanks ablesen lässt, desto besser. Ein sinnvolles Detail können Zeitschaltuhren sein, z.B. dann, wenn jeden Morgen zu einer bestimmten Uhrzeit der Kaffee frisch zubereitet in der Maschine auf den Besitzer warten soll.

Espressomaschinen

Für viele Liebhaber sind dies die einzig wahren Maschinen zum Zubereiten von Espresso oder anderen kräftigen Kaffeevarianten: Die Espressomaschinen mit Siebträger, die in jedem professionellen Gastronomiebetrieb stehen, der auf die Zubereitung eines guten kleinen starken Kaffees Wert legt.

Natürlich sind die meisten Maschinen, die der Handel für den Hausgebrauch anbietet, nicht mit den großen, sehr teuren Profigeräten der Gastronomie vergleichbar. Dennoch gibt es auch hier durchaus Geräte, die den gewünschten Kaffeeerfolg sicherstellen. Eine wirklich gute Espressomaschine zeichnet sich aber durch Qualität in allen wichtigen Bauteilen aus. Dazu zählen vor allem:

Heizsystem: Das Heizsystem erhitzt das Wasser auf 92 bis 94 °C. Je hochwertiger das System ist, desto schneller ist die Maschine einsatzbereit. Doch damit nicht genug: Es hält die Wassertemperatur auch während des gesamten Brühvorgangs auf konstantem Niveau. Weniger hochwertige Systeme weisen schlechtere thermische Eigenschaften auf, verkalken schneller und sind reparaturanfälliger.

Brüheinheit: In Bezug auf das Herzstück einer Espressomaschine gilt: Nur wenn die Brüheinheit ausreichend groß dimensioniert ist, wird der Wasserdampf perfekt durch den Siebträger gedrückt. Bei kleineren Brühkammern werden nicht alle Aromen aus dem gemahlenen Kaffee gelöst – auch die Crema wird nicht perfekt.

Druck: In der Werbung für die Maschinen wird immer wieder die Druckleistung in den Vordergrund gestellt. In der Praxis zeigt sich jedoch, dass auch preiswertere Maschinen den erforderlichen Druck aufbauen. Entscheidender ist, die Druckleistung auch regulieren zu können. Empfehlenswerte Maschinen verfügen hierzu über ein Einstellventil.

Weitere wichtige Komponenten sind eine gut justierbare Temperaturregelung, hochwertige Schläuche und Leitungen sowie ein robustes Gehäuse. Nur das perfekte Zusammenspiel aller Bauteile garantiert ein wirklich gutes Ergebnis, nämlich einen vollmundigen, heißen Kaffee mit

schöner Crema. Zugleich garantieren hochwertige Materialien lang anhaltenden Spaß ohne große Reparaturen oder Wartungsarbeiten.

Apropos Spaß: Espressomaschinen sind für viele Menschen auch Ausdruck von Stil und Lebensart. Dementsprechend viel Wert legen die Hersteller auch auf das Design der Geräte. Vor allem ältere Baureihen von Traditionsmarken zeichnen sich durch eine faszinierende Optik aus, die allerdings beim Kauf oft auch mitbezahlt werden will.

Für den täglichen Gebrauch ist neben der Grundqualität vor allem einfaches Handling wichtig: So schön z.B. Espressomaschinen aussehen, bei denen der Pressvorgang von Hand vorgenommen wird – Halbautomaten, die das Wasser automatisch durch den Träger drücken, sind wesentlich komfortabler. Wichtig ist vor allem, dass sich die Halterung des Siebträgers leicht ein- und aushebeln lässt. Zudem sollten sich die Maschinen leicht reinigen lassen.

Dampfdruckgeräte

Im Gegensatz zur normalen Kaffeemaschine für Filterkaffee arbeiten Espressomaschinen mit Dampfdruck. Dieses Prinzip lässt sich aber auch bei Filterkaffee einsetzen. Bei diesen Dampfdruckgeräten wird – ähnlich wie bei Espressokochern – im unteren Teil der Maschine Wasser erhitzt. Der entstehende Dampf steigt nach oben und wird dann durch das Kaffeepulver wieder nach unten in die Kaffeekanne gedrückt. Für das Kaffeepulver kommt kein Siebträger zum Einsatz. Stattdessen befindet sich oben über der Kanne ein Filtereinsatz, in den man kreisrunde Filterpapiere legt. So wird es möglich, mit Dampf nicht nur einzelne Tassen, sondern größere Mengen Kaffee aufzusetzen. Der Geschmack ist allerdings nicht mit dem einer Espressomaschine zu vergleichen.

Pad- und Kapselmaschinen

Sie sind die Shooting-Stars unter den Kaffeemaschinen der letzten Jahre: Pad- und Kapselmaschinen. Und sie haben die Zubereitung von einzelnen Tassen Kaffee revolutioniert: So schnell, einfach und geschmackssicher wie mit ihnen lässt sich mit keiner anderen Zubereitungsmethode Kaffee kochen: Wassertank füllen, Pad oder Kapsel einlegen, Knöpfchen drücken – und schon fließt der gewünschte Kaffee in die Tasse.

Doch damit nicht genug der Vorteile: Das Kaffeemehl in den Pads oder Kapseln ist perfekt auf die jeweiligen Maschinen abgestimmt – der Kaffee gelingt also immer. Das kommt dem Geschmack zugute. Unwegsamkeiten wie zu viel oder zu wenig Wasser oder die falsche Brühtemperatur sind bei diesen Systemen ausgeschlossen. Die so zubereiteten Heißgetränke schmecken stets gleich, vorausgesetzt man benutzt dieselbe Pad- oder Kapselsorte.

Die Auswahl an passenden Kaffee-Fertigprodukten ist umfangreich: Das Spektrum reicht vom Schonkaffee über Standardkaffee und Espresso bis hin zu Spezialitäten wie Cappuccino oder Latte Macchiato. Bei letzteren ist dem Kaffeemehl gleich entsprechendes Milchpulver – zum Teil sogar gesüßt – beigemischt – oder

GUSTO
Gusto
LATTE MACCHIATO
0% ZUCCHERI
AGGIUNTI
KRUPS

man legt ein separates Produkt nur mit Milchpulver in die Maschinen ein. Die große Auswahl an Produkten führt zu einem weiteren Vorteil: Es lassen sich sehr schnell ganz unterschiedliche Kaffees zubereiten.

Hervorzuheben ist nicht zuletzt auch der Lifestyle-Faktor, der sich in einer recht großen Bandbreite außergewöhnlicher Maschinen in zeitgerechtem Design zeigt.

Doch bei so viel Licht gibt es natürlich auch Schatten – vor allem für Kaffeegenießer, die auf hochwertigen Kaffee Wert legen und dabei z.B. auch bestimmte Sorten bevorzugen. Denn bei diesen Maschinen ist man auf das Geschmacksempfinden der Kaffeedesigner in den herstellenden Unternehmen angewiesen. Und die haben ihre Produkte auf einen Massenmarkt hin entwickelt, nicht aber auf Gourmets. Hinzu kommt, dass in der Regel möglichst preiswerte Grundprodukte – sprich einfacher Robusta – verarbeitet werden. Im Klartext: Ein Espresso aus einer Kapsel- oder Padmaschine beispielsweise kann sich geschmacklich nicht mit einem gut und frisch zubereiteten Arabica aus einer echten Espressomaschine messen.

Auf der Negativseite steht außerdem der Preis: Nicht nur, dass die Pad- oder Kapsel-

maschinen an sich bereits relativ teuer sind – vor allem die Kaffeeträger schlagen weitaus tiefere Breschen ins Portemonnaie als vergleichbarer loser Kaffee, vor allem wenn man zu Markenprodukten greift. Außerdem sind die Systeme auf die Produktion einzelner Tassen ausgelegt. Größere Mengen Kaffee zum Beispiel für eine Kaffeetafel zuzubereiten ist relativ aufwändig.

Zudem fällt die Übersicht schwer. Um die Gunst der Käufer buhlen verschiedene Hersteller mit unterschiedlichen Systemen. Die Folge: Pads oder Kapseln von dem einen Hersteller passen nicht in die Maschine des anderen.

Ein letzter negativer Aspekt betrifft die Umweltbilanz der Kapseln: Es handelt sich um Kunststoffprodukte, die sowohl in der Herstellung als auch in der Entsorgung unsere Umwelt weitaus mehr belasten als beispielsweise die Pads. Dafür haben sie gegenüber diesen einen entscheidenden Vorteil: Der Kaffee bleibt auch bei längerer Lagerzeit frisch. Damit sind die Kapseln eher für Nicht-Kaffeetrinker interessant, die zwischendurch aber z.B. Gästen eine Kaffeespezialität anbieten wollen.

Die Pads eignen sich vor allem für Menschen, die regelmäßiger nur sehr kleine Kaffeemengen zubereiten wie z.B. Singles, die morgens nur schnell eine Tasse Kaffee trinken möchten.

Vollautomaten

Kaffee auf Knopfdruck

Sie bilden die Königsklasse unter den Kaffeemaschinen: die Vollautomaten, die jederzeit auf Knopfdruck eine Tasse frisch gemahlenen Kaffee zubereiten, ohne dass jedes Mal Bohnen oder Wasser und zum Teil sogar Milch separat eingefüllt oder hinzugegeben werden müssen. Diese kleinen Hightech-Wunder vereinen im Prinzip elektrische Kaffeemühlen und halbautomatische Espressomaschinen in einem Gehäuse. Kein Wunder also, dass sie bei vielen Kaffeeliebhabern ganz oben auf der Wunschliste stehen und die Hersteller mittlerweile ein sehr breites Angebot an Maschinen bieten – allerdings auch zu sehr stolzen Preisen.

Die Unterschiede zwischen diesen Geräten sind zum Teil gravierend: Sie betreffen nicht nur das Handling oder die Funktionsvielfalt, sondern vor allem auch den Geschmack. Je nach Mahlwerk, Pumpendruck, Wassertemperatur oder auch dem Aufbau sind die Ergebnisse selbst bei Maschinen der gleichen Preisklasse unterschiedlich – es empfiehlt sich also, nach Möglich-

keit vor einer Kaufentscheidung den Kaffeegeschmack verschiedener Geräte zu vergleichen.

Für den alltäglichen Gebrauch ist darüber hinaus das Handling entscheidend: Wie groß ist der Wassertank, wie viele Bohnen fasst das Mahlwerk? Das sind erste wichtige Grundfragen. Unterschiede gibt es auch, was den Aufwand beim Nachfüllen betrifft: Bei den einen Geräten lassen sich Wassertank und/oder Prüttfach ganz einfach herausziehen, bei anderen müssen umständlich Klappen geöffnet oder die Aufschäumdüse an die Seite geschoben werden.

Alle Geräte müssen regelmäßig mit speziellen Mitteln gereinigt und entkalkt werden. Bei einigen Geräten ist das kompliziert und zeitaufwändig, bei anderen reicht ein Knopfdruck. Ähnliches gilt für den Dampfbezug zum Aufschäumen von Milch.

In der Einstiegsklasse gibt es nur zwei Möglichkeiten, auf die Zubereitung Einfluss zu nehmen: den Mahlgrad der Bohnen einzustellen und die verarbeitete Wassermenge zu regulieren. Um den Geschmack wirklich zu beeinflussen, ist es aber sinnvoll, auch die Menge des Kaffeemehls einstellen zu können. Nur so wird es beispielsweise möglich, auch eine größere Tasse kräftigen Kaffees zu kochen. Die Wassertemperatur regeln zu können, ist dagegen Spielerei: Der Kaffee sollte nach Möglichkeit immer heiß sein.

Hochwertige Maschinen lassen bei der Kaffeezubereitung keine Wünsche offen. Spitzengeräte machen es vor allem auch leicht, Spezialitäten wie Cappuccino oder Latte Macchiato zuzubereiten. Dazu wird einfach ein spezieller Milchbehälter an das Gerät angedockt. Auf Knopfdruck fließen dann die entsprechenden Schichten automatisch in die Tasse.

Aber auch diese Maschinenklasse hat entscheidende Nachteile: Da zählt nicht nur, dass die Geräte alle mindestens mehrere hundert Euro kosten. Sie sind laut und wuchtig. Bei der Zubereitung ist man immer auf die gerade eingefüllte Bohnensorte angewiesen, schnelles Wechseln ist also nicht drin. Und: Im Vergleich z.B. zu einer einfachen Filtermaschine ist das Zubereiten von größeren Kaffeemengen recht aufwändig.

Stilvoll servieren

Kaffee-Kult

Die Vielfalt des Kaffeegenusses

So unterschiedlich die Zubereitungsmethoden oder die Trinkgewohnheiten des Kaffees auch sein mögen: Quer durch alle Kulturen wird der wahre Genuss des braunen Goldes zelebriert. Besonders deutlich wird dies beim Geschirr, in dem er gereicht wird: Von der kleinen Espressotasse bis zum großen Latte-Macchiato-Glas – für nahezu jede Kaffeespezialität haben sich im Laufe der Jahrhunderte eigene Servierstile herausgebildet.

Hinzu kommen die unterschiedlichen Trinkgewohnheiten: Ob mit Zucker oder Milch, ob mit einem Glas Wasser, einem Stück Kuchen oder einer kleinen Schokoladenleckerei – Kaffee geht rund um den Globus mit anderen Lebens- und Genussmitteln faszinierend vielfältige Kombinationen ein. Viele von ihnen sind dabei mehr als nur kleine Marotten: So wird z.B. der Kaffee nahezu überall gern gesüßt, weil dies den Bittergeschmack der braunen Bohnen mildert. Und die Zugabe von Milchprodukten fängt die Säure des Kaffees auf.

Zucker & Co

Ausgleich von Bitterstoffen

Wenn man überhaupt von einem geschmacklichen Nachteil bei Kaffee reden kann, dann von dem, dass viele Menschen ihn als zu bitter empfinden. Und so schätzt man es rund um den Globus, den Kaffee zu süßen.

Wie stark und womit man den Kaffee süßt, hängt dabei zum einen von den jeweiligen Ländertraditionen ab, zum anderen ist es persönliche Geschmackssache. Und dabei spielt immer auch die jeweils verwendete Kaffeesorte und die Zubereitungsart eine Rolle. So trinkt manch einer z.B. seinen Filterkaffee ungesüßt, gibt zum Espresso aber immer einen Löffel Zucker hinzu.

Der süße Zucker gleicht nicht nur den bitteren Geschmack des Kaffees aus, er wirkt zugleich geschmacksverstärkend. Üblicherweise wird mit Raffinade gesüßt, da diese relativ geschmacksneutral ist.

Beim Kaffeegenuss kommen eher selten alternative Süßungsmittel wie Honig oder Dicksäfte zum Einsatz, da deren ausgeprägter Eigengeschmack das Kaffeearoma stören würde. Eine Ausnahme bilden allerdings aromatisierte Sirups und künstliche Süßstoffe (siehe auch Seite 125).

Verschiedene Zuckerarten

In den meisten Ländern wird der Kaffee vorzugsweise mit weißem Zucker gesüßt, inzwischen erhält man in Cafés immer öfter auch braunen Zucker. Zum besseren Verständnis hier ein Überblick über die relevanten Zuckerarten.

- Raffinade ist die am häufigsten gebrauchte Form des Haushaltszuckers, der mit dem Verfahren der Raffination aus Zuckerrohr oder Zuckerrüben hergestellt wird. Beide Rohstoffe bestehen zu fast 100 Prozent aus Saccharose, geschmacklich unterscheiden sie sich grundsätzlich nicht.

Raffinade muss bestimmten Reinheitsanforderungen entsprechen. Bei der Herstellung wird dem Rohstoff mit hei-

ßem Wasser der Zucker entzogen, den entstehenden Rohsaft reinigt man, bevor ihm dann anschließend das Wasser wieder entzogen wird. Hierbei bilden sich Kristalle, an denen zunächst auch noch etwa 10 Prozent Sirup haften. Nach dem Entfernen dieses Sirups bleibt der weiße – auch als Industriezucker bekannte – Zucker übrig. Raffinade gibt es in unterschiedlichen Körnungen von fein bis grob. In gepresster Form ist sie als Würfelzucker bekannt.

Brauner Zucker ist zunächst eine Sammelbezeichnung für alle Zucker mit brauner Farbe. Er entsteht auf unterschiedliche Weise, z.B. wenn dem grob auskristallisierten Zucker noch der braune Sirup anhaftet. In dieser Form wird er auch als Rohzucker bezeichnet; er ist jedoch nicht etwa vollwertig oder gesünder als das weiße Zucker-Endprodukt.

Farin ist feiner Zucker, der durch Zugabe von Sirup braun gefärbt ist.

Vollrohrzucker ist der reine, unraffinierte eingedickte und getrocknete Saft des Zuckerrohrs. Er ist braun und enthält keine Kristalle, sondern wird gemahlen. Neben Saccharose und anderen Zuckerarten weist er auch Vitamine, Spurenelemente und Mineralstoffe auf. Dieser Zucker schmeckt intensiv würzig und zeichnet sich durch ein starkes Karamellaroma aus. Er wird gerne in der Vollwertküche verwendet. Vollrohrzucker zieht leicht Luftfeuchtigkeit an und neigt dadurch zum Verklumpen.

Kandiszucker: Durch das langsame Auskristallisieren von reiner Zuckerlösung entstehen unterschiedlich große Zuckerkristalle. Sie haben die gleiche Süßkraft wie Raffinade. Braunen Kandis erhält man durch Zufügen von karamellisiertem Zucker. Kleinkörnig bezeichnet man ihn als Kandisfarin.

Zuckerersatzstoffe

Bei der Verwendung von Zuckerersatzstoffen scheiden sich die Geister der Kaffeefreunde. Bei den einen sind sie massiv verpönt, da sie den Geschmack des Kaffees zu sehr stören, für die anderen gelten sie als kalorienarme Alternative zum Zucker. Kalorienarm sind allerdings nur Süßstoffe, die meist als Tabletten oder flüssig angeboten werden. Zuckeraustauschstoffe wie Fruktose, Maltit oder Laktit hingegen sollen als Diätprodukte vor allem einen zu schnellen Anstieg des Blutzuckerspiegels verhindern und weisen etwa die gleichen Kalorienmengen wie Zucker auf.

Sirup: Aromatische Süße

Sie sind zwar in erster Linie zum Aromatisieren von Kaffeespezialitäten gedacht, haben aber zugleich eine intensive Süßkraft – verschiedenste Sirups mit Aromen von A wie Amaretto bis Z wie Zimt. Es handelt sich dabei um Zuckersirup, also um eine konzentrierte eingekochte Zuckerlösung, die mit unterschiedlichen Aromazusätzen geschmacklich variiert wird. Im Klartext: Der Sirup kann auch als Zuckerersatz betrachtet werden.

Milchprodukte

Perfekte Harmonie

Ein perfektes Duo bildet Kaffee mit Milch und der „blonde“ Kaffee hat sich in den letzten Jahren immer mehr durchgesetzt. Die meisten der internationalen Kaffeespezialitäten sind untrennbar mit Milch in ihren unterschiedlichsten Erscheinungsformen verbunden, worauf Namen wie Café au Lait oder Latte Macchiato schon hindeuten.

Jedoch: Milch ist nicht gleich Milch: Von fettarmer Frischmilch über dickflüssige Kondensmilch bis hin zu Milchschaum oder geschlagener Sahne reichen die unterschiedlichen Milchprodukte, mit denen sich der Kaffee in kleineren oder größeren Mengen versetzen oder auch verlängern lässt. Dabei mögen die einen die Milch am liebsten kochendheiß, die anderen nutzen hingegen einen kräftigen Schluck kalter Milch, um den Kaffee schnell auf eine angenehme Trinktemperatur herunter zu kühlen.

Bekömmlicher Genuss

Auch wenn die Zugabe von Milch oder Sahne zum Kaffee zunächst reine Geschmackssache ist, so hat sie auch zwei angenehme, bzw. nützliche „Nebenwirkungen". Zum einen runden Milch oder Sahne den Kaffee geschmacklich ab: Das enthaltene Fett bringt als guter Geschmacksträger die Aromen besonders gut zur Geltung.

Zum anderen sorgt Milch für eine bessere Bekömmlichkeit des Kaffees: Sie mildert ihn in seiner Wirkung, da sie auf die im Kaffee enthaltene Säure wie ein Puffer wirkt. Überdies sorgt das Fett in der Milch dafür, dass das Koffein des Kaffees vom Körper langsamer resorbiert, also aufgenommen wird. Allerdings: seine Wirkung hält dadurch länger an.

Wie stark ein Milchprodukt den Geschmack des Kaffees unterstützt oder verändert, hängt nicht nur von der zugegebenen Menge des jeweiligen Produkts ab, sondern auch von dessen Fettgehalt. So unterstützen fettarme oder teilweise entrahmte Milch eher den Kaffeegeschmack, Kondensmilch oder Sahne mit ihrem deutlich höheren Fettanteil können das Aroma hingegen dominieren oder sogar auch überdecken. Manchmal ist dies auch erwünscht, wie beim deutschen Filterkaffee, dem klassischerweise Kondensmilch zugesetzt wird.

Milch & Sahne

Vollmilch weist in der Regel einen Fettgehalt von 3,5 % auf; eine Ausnahme stellt Vollmilch mit natürlichem Fettgehalt dar, die auch bis zu 4 % Fett enthalten kann.

Fettarme Milch oder auch teilentrahmte Milch enthält nur 1,5 bis 1,8 % Fett. Sie eignet sich besonders gut zum Aufschäumen.

Entrahmte Milch oder Magermilch weist maximal 0,3 % Fettgehalt auf und kann – wie auch fettarme Milch – mit Milcheiweiß angereichert sein.

H-Milch: Man unterzieht generell alle genannten Milchsorten bestimmten Verfahren zur Verbesserung der Haltbarkeit. Teilweise wirken sie sich – wie die Ultrahocherhitzung, durch die Milch auch ohne Kühlung mehrere Monate haltbar wird – allerdings deutlich auf den Geschmack aus.

Sahne ist der Rahm, also der fettige Anteil der Milch. Sie ist in verschiedenen Fettstufen erhältlich: Sahne (25–29 %), Schlagsahne (30–33 %), Schlagsahne extra (36 %).

Kaffeesahne, auch Kaffeerahm oder Trinksahne genannt, muss mindestens 10 % Fett enthalten (üblich sind 10, 12 oder 15 %). Diese Sahne lässt sich nicht steif schlagen.

Kondensmilch

Die dickflüssige, manchmal auch süße Milch in Dosen wird durch Kondensieren haltbar gemacht und hat daher ihren Namen. Bereits früher kochten Menschen in einigen Kulturen die Milch ein, um sie haltbar zu machen – und bereits Anfang des 19. Jahrhunderts begann man in Frankreich, die Milch in Dosen herzustellen. Beim Kondensieren wird die Milch in einem Vakuumbehälter erwärmt und bei Temperaturen unter 100 °C wird ihr das Wasser entzogen.

Diese konzentrierte Milch hat einen hohen Anteil an Milchtrockenmasse und einen entsprechend hohen Nährwert. Zum „Weißen" des Kaffees benötigt man eine deutlich geringere Menge Kondensmilch, als z.B. bei fettarmer Milch. Kondensmilch wird in verschiedenen Konzentrationen angeboten, die unterschiedlich viel Fett enthalten.

Milchpulver und Kaffeeweißer

Wird der Milch durch Kondensieren das Wasser fast vollständig entzogen, so entsteht Milchpulver, auch Trockenmilch genannt. Dies dient unter anderem als Grundlage für Babynahrung. Instant-Milchpulver, im Handel auch als Kaffeeweißer bekannt, wird mit dem Emulgator Lezithin hergestellt. Dieser sorgt dafür, dass das Milchpulver sich in Flüssigkeiten gut löst und sich zum Beispiel mit Kaffee gut verbindet.

Perfekter Milchschaum

Den idealen Milchschaum zuzubereiten scheint eine Wissenschaft für sich zu sein. Welche Milch eignet sich am besten, welche Temperatur sollte sie haben und womit schäume ich sie am besten auf? – Dies sind die entscheidenden drei Fragen. Eindeutige Antworten können insofern nur bedingt gegeben werden, als dass es vor allem immer auch auf das Zusammenspiel dieser drei „Komponenten" ankommt:

Die Milch: Experten aus der Milchwirtschaft empfehlen zum Aufschäumen fettarme Milch zu verwenden, da ihr Schaum länger stabil bleibt als der von Vollmilch. Viele Milchschaum-Fans hingegen verwenden lieber fettreichere Vollmilch, da ihr Schaum cremiger wird. Andere schwören auf H-Milch. Tatsache ist auch: Selbst die Milchmarke kann einen Unterschied machen und die eine 3,5-prozentige Milch schäumt perfekt, die einer anderen Molkerei nicht. Bei der Milchauswahl gilt also das alte Sprichwort: Probieren geht über studieren!

Die Temperatur: Anders sieht es bei der richtigen Temperatur aus: Grundsätzlich sollte die Milch erst einmal kalt sein, sodass man viel Zeit zum langsamen Aufschäumen hat. Dabei wird die Milch dann stetig erwärmt, am besten auf etwa 60 °C, diese Temperatur kann man gerade noch aushalten, wenn man kurz einen Finger hineintaucht. Die Milch darf nicht zu heiß werden und keinesfalls kochen. Bei Kaffeevollautomaten wird die Milch beim Aufschäumvorgang durch den heißen Dampf automatisch erwärmt.

Das Werkzeug: Man braucht keinen Kaffeevollautomaten, um guten Milchschaum zu produzieren – es geht auch mit einfachen Mitteln mechanisch. Ein Schneebesen leistet gute Dienste, wenn man die Milch in einem Töpfchen auf dem Herd erwärmt. Dies bedeutet zwar eine kleine Kraftanstrengung, aber es funktioniert – vor allem für einzelne Portionen Milchschaum.

Für wenige Euro bietet der Handel kleine batterie- oder akkubetriebene Aufschäumer an – hier rotiert der Mini-Schneebesen automatisch. Passend dazu verwendet man am besten ein kleines Edelstahlkännchen für die Milch. Außerdem gibt es Milchschäumer in Kannenform, bei denen eine Art Schneebesen in der Senkrechten bewegt wird.

Das Aufschäumen folgt prinzipiell dem selben Muster, egal ob man mit einem kleinen Batterie-Schäumer oder mit der Dampfdüse einer Maschine arbeitet: Zunächst muss Luft in die Milch, denn durch sie entsteht der Schaum. Allein in der Milch zu rühren, hilft also wenig. Man verwirbelt also die Milch erst einmal nahe der Oberfläche, bevor man spiralförmig das Werkzeug etwas tiefer eintaucht, um so den Schaum auch „einzuarbeiten".

Nicht die ganze Milch wird zu Schaum verarbeitet, sondern es verbleibt flüssige Milch im Behälter. Diese wird anschließend – je nach Rezept – vorsichtig in die Tasse gegossen, bevor der Schaum mit einem Esslöffel abgeschöpft und als Krönung auf den Kaffee gegeben wird.

Wasser

Durst stillende Tradition

In vielen Ländern ist es undenkbar, eine Tasse Kaffee ohne ein Glas Wasser zu servieren. Und in der Tat: Gerade wenn der Kaffee klein und stark ist, paart er sich hervorragend vor allem mit stillem Wasser. Der Grund liegt auf der Hand: Espresso und Co liefern dem Körper nur wenig Flüssigkeit – es sind keine durststillenden Getränke.

Weit verbreitet ist das Denken, dass das Wasser aus gesundheitlicher Sicht eine sinnvolle Ergänzung zum Kaffee sei. Aber abgesehen davon, dass Wasser zu trinken immer gut für den Körper ist, gibt es dafür keine wissenschaftliche Grundlage. Das Glas Wasser „nützt" in der Kombination mit dem Kaffee nicht mehr als sonst auch. Den einzigen Bezug, den man herstellen kann, ist der, dass Kaffee harntreibend sein kann, vor allem, wenn er in größeren Mengen getrunken wird. Die Wirkung ist aber nicht so relevant, dass der Körper „austrocknet", wenn man kein Wasser zum Kaffee trinkt.

Gewürze

Arabische Traditionen

Was vielen Europäern ihr Zucker oder ihre Milch im Kaffee sind, sind anderen, vor allem arabischen Nationen, die Gewürze im Kaffee. Diese werden allerdings dort nicht nachträglich dem Kaffee hinzugegeben, sondern bei der Zubereitung von Mokka (siehe Seite 102) mitgekocht. Hier kommen entweder einzelne Gewürze oder auch komplexe Mischungen zum Einsatz. Auf diese Weise entstehen Kaffeespezialitäten, die letztlich genauso zu werten sind wie Latte-Macchiato oder eine Wiener Melange. Zu den klassischen Zutaten zählen hier vor allem Kardamom, Zimt, Muskat, Piment, Nelke, Vanille, Pfeffer und Anis.

Kreative Kaffee-Küche

In Europa gibt es seit einiger Zeit einen neuen Trend, den man am besten mit „Kreativer-Kaffee-Küche“ umschreiben kann. Hier experimentieren engagierte Kaffeegenießer mit neuen Zutaten und kreieren bislang unbekannte Kaffeespezialitäten.

Daraus sind Gewürzmischungen hervorgegangen, die man zum fertig aufbereiteten Kaffee hinzugibt, um so besondere Geschmacksnuancen zu erreichen. Die Mischungen tragen oft fantasievolle Namen, die zum Teil grob die Würzmischung erahnen lassen.

Diese Zusammenstellungen ergänzen solche, die nicht für den Kaffee an sich, sondern für Süßspeisen oder Gebäck gedacht sind. Die entsprechenden Produkte enthalten Kaffeebohnenstücke oder -pulver in Kombination mit anderen Würzmitteln und können so Nachtischen oder auch Kuchen einen Hauch von Kaffeearoma verleihen.

Alkoholika

Hochprozentiger Genuss

Wann immer es um feinen Genuss geht, lässt sich nur schwer am Alkohol vorbeischauen. Und so wundert es nicht, dass für viele Genießer der Kaffee besonders in Kombination mit edlen Alkoholika zu Höchstform aufläuft.

Allerdings ist nicht jedes alkoholische Getränk gleichermaßen gut für das Zusammenspiel mit der braunen Bohne geeignet. In Frage kommen eigentlich nur Begleiter, die es in ihrem Geschmack mit der Komplexität des Kaffees aufnehmen können. Wein, Bier oder Sekt werden so nur selten mit dem Heißgetränk kombiniert.

Ganz anders sieht dies mit hochprozentigen Digestifs aus, allen voran braune Brände, die im Holzfass ausgebaut werden wie Weinbrand, Whisky oder Rum. Gleich mehrere Faktoren prädestinieren sie für den gemeinsamen Genuss mit dem Kaffee: Auf-

grund ihrer Herstellung, dem Brennen, weisen sie einen zumeist ausgeprägten Grundgeschmack auf, der neben dem des Kaffees sehr gut bestehen kann. Zudem finden sich in vielen dieser Brände ähnliche Aromen wie im Kaffee, allen voran Holzaromen. Schließlich genießt man einen Digestif vorzugsweise nach einem Essen – ganz genau wie einen Kaffee. Hierin begründet sich auch, dass man weltweit bei den Kaffee-Alkoholkombinationen einem kleinen, starken Espresso oder einem seiner internationalen Geschwister den Vorzug vor einem milden Filterkaffee gibt.

Für die nicht ganz so kräftigen Kaffeespielarten greift man allgemein lieber zur zweiten großen Gruppe der alkoholischen Kaffeebegleiter: den Likören wie den Creams oder den Fruchtlikören. Sie eignen sich vor allem aufgrund ihrer leichten Süße als Kaffeebegleiter. Auch hier gilt wieder: Je komplexer sie ausgebaut sind und desto größer ihr Aromaumfang, desto besser.

In jedem Fall spielt der Kaffee die geschmacklich dominantere Rolle bei diesen kulinarischen Paarungen. Wenn Alkohol zum Kaffee gereicht wird, greift man deshalb immer erst zum alkoholischen Getränk und erst dann zum Kaffee. So kann der Gaumen zunächst dem vollen Aroma des Alkohols nachspüren. Für den folgenden Kaffee gilt: Er sollte nach Möglichkeit heiß sein. So wärmt er die Alkoholreste in Gaumen und Speiseröhre noch einmal nach und entwickelt ein angenehmes „Nachbrennen“.

Kaffee-Klassiker

- **Anisées** wie Sambuca (gerne mit Kaffeebohne) und Ouzo
- **Weinbrände** wie Armagnac, Brandy, Cognac
- **Apfelbrände**, und da vor allem Calvados
- **Creams** wie Kaffee- oder Schokoladenlikör
- **Fruchtliköre** wie Orangen-Bitterliköre, Amaretto oder Apricot Brandy
- **Tresterbrände** wie Grappa oder Marc
- **Rum**
- **Whiskey**
- **Whiskeyliköre**
- **Weitere Brände:** Wodka, Tequila, Korn, Obstbrand, Gin

Kaffeelikör – Alkohol aus Kaffee

Kaffeelikör ist ein alkoholisches Getränk, das aus Kaffeebohnen oder -extrakt hergestellt wird. Es zählt zu der Obergruppe der Creams, also den sahnig-cremigen Likören. Grundlage ist dabei eine Kaffeeemulsion. Das heißt, dass die Inhaltsstoffe zunächst homogenisiert werden müssen, bevor sie eine dauerhafte Verbindung mit dem Alkohol eingehen können. Die braune, leicht herbe Spezialität weist zwischen 20 und 25 % Alkohol auf und eignet sich sowohl für den puren Genuss als auch zum Mixen.

Geschirr

Die Qual der schönen Wahl

Das Auge trinkt mit – so lässt sich treffend erklären, warum seit Jahrhunderten beim Kaffeegenuss so viel Wert auf Tassen, Kannen und Gläser gelegt wird. Bei keiner anderen Getränkegattung hat man eine so große Auswahl an unterschiedlichen Gefäßen. Nicht nur, dass es schon ein breites Spektrum an Tassen für die Standard-Aufbereitungsformen wie den Espresso oder den Filterkaffee gibt: Fast für jede beliebte Spezialität hat sich im Laufe der Zeit eine bestimmte Servierform herausgebildet.

Die riesige Auswahl ergänzt variantenreich geformtes Zubehör: von großen Kannen über Zuckerdosen und Milchkännchen bis hin zu Kuchentellern und Tortenplatten. So kann jeder Kaffeeliebhaber aus einer Fülle zu seinem Stil passenden Geschirrs wählen: von poppig bunt über stylisch minimalistisch bis hin zu klassisch romantisch.

Die Materialien

Für die Herstellung von Kaffeegeschirr setzt man vor allem folgende vier Materialien ein:

- **Porzellan:** Das edelste unter den eingesetzten Materialien wird aus den drei Hauptbestandteilen Kaolin – auch Porzellanerde oder -ton genannt – Feldspat und Quarz hergestellt. Das Mischungsverhältnis differiert stark nach den Rezepturen der Hersteller und der Beschaffenheit der Rohstoffe.

  Die aufwändige Herstellung zahlt sich gleich doppelt aus: Porzellan kann sehr dünnwandig verarbeitet werden, was das Geschirr leicht macht. Und: Es hat sehr gute thermische Eigenschaften – der Kaffee bleibt lange heiß.

- **Steingut:** Das aus Tonkeramik hergestellte Geschirr lässt sich viel preiswerter produzieren als Porzellan. Es ist allerdings nicht wasserdicht – zum Kaffeegenuss eignet es sich erst durch die Glasur. Die Tassen und Kannen sind im Vergleich zu Porzellan dick und schwer, halten dafür aber auch die Wärme relativ gut.

- **Edelstahl:** Porzellan und Steingut haben einen entscheidenden Nachteil: Sie sind leicht zerbrechlich. Für den Kaffeegenuss unterwegs eignen sie sich deshalb eher nicht. Hier punktet Edelstahl: Es ist hart im Nehmen, lebensmittelgeeignet, leicht formbar und recht preiswert herzustellen. Wie alle Metalle ist er aber auch ein guter Wärmeleiter – Heißgetränke kühlen schnell ab. Deshalb fertigt man reines Edelstahlgeschirr meist zweiwandig: Zwischen zwei dünnen Stahlschichten befindet sich Luft, die als Puffer dient und den Kaffee länger warm hält.

Isolierkannen aus Edelstahl besitzen ein doppelwandiges Innenleben aus Edelstahl oder Glas. Der Zwischenraum ist evakuiert, also luftleer, was die Hitze in der Kanne festhält.

Glas: Das durchsichtige Material wird vorzugsweise für Kaffeespezialitäten eingesetzt, bei denen die Optik eine entscheidende Rolle spielt wie z.B. der Latte Macchiato. Glas ist ein guter Wärmeleiter, weshalb für die Heißgetränke nur dicke Gläser in Frage kommen.

Neben diesen Hauptmaterialien werden natürlich auch eine ganze Reihe weiterer Stoffe zur Geschirrproduktion eingesetzt wie z.B. Kunststoff, Kupfer oder Aluminum, oft auch in Kombination mit anderen.

Die wichtigsten Trinkgefäße

Espressotasse: Ein kleiner Schwarzer, Espresso oder Petit Café wird weltweit nur in einem Trinkgefäß serviert: der Espressotasse. Gerade einmal 70 ml Flüssigkeit fassen die größten unter ihnen. Wer in den meisten Ländern einen Espresso bestellt, bekommt sie jedoch nicht einmal halb gefüllt serviert. Gefertigt ist diese Tasse meist aus Steingut, nur Edelvarianten sind aus Porzellan.

Kaffeetasse: Sie ist der große Klassiker unter den Trinkgefäßen: die Kaffeetasse. Seit den Zeiten, als man an den europäischen Königshäusern begann, dem braunen Gold zu huldigen, hat sich ihr Fassungsvermögen von rund 125 ml nicht verändert. Deshalb ist sie auch der gängigste Maßstab für die Portionierung von Kaffee z.B. bei Kaffeemaschinen. Die Kaffeetasse gilt heute noch als stilvollste und edelste Variante für den Kaffeegenuss.

Kaffeebecher: Menschen, die gerne viel Kaffee trinken, ist die Kaffeetasse schlichtweg zu klein. Deshalb greift man an Frühstückstischen und Arbeitsplätzen heute am liebsten zum Kaffeebecher, der 200 bis 250 ml Flüssigkeit fassen kann. Kein anderes Gefäß gibt es in so vielen Dessins: Ob unifarben, mit Bildchen oder mit Schriftzug, kaum ein Kaffeebecher gleicht dem anderen. So findet jeder „sein" Trinkgefäß. Man kann fast sagen: Zeig mir deinen Kaffeebecher, und ich weiß, wie du tickst.

Bol: Die große runde Tasse, die eher einer kleinen Schüssel gleicht, findet sich vor allem am französischen Frühstückstisch. Sie ist das Standardgefäß für den Café au Lait, den großen Milchkaffee. Es ist allerdings ein Geschirrtyp, der fast ausschließlich im privaten Rahmen benutzt wird – in Lokalen serviert man den Café au Lait in normalen Kaffeetassen. Dass der Bol international dennoch viel beachtet wird, liegt unter anderem daran, dass man ihn gern als im Design zur Kaffeetasse passendes Gefäß fürs Müsli nutzt.

Eiskaffee-Glas: Glas hat den Nachteil, dass es die Wärme nicht so gut hält. Der fällt natürlich beim Eiskaffee nicht ins Gewicht. Viel wichtiger ist hier, dass man sehen kann, was genau serviert wird. Und so hat sich der schmale, hohe Glasbecher beim Genuss aller Arten von eisigen Kaffeespezialitäten weltweit durchgesetzt. Ein festes Größenmaß gibt es dabei allerdings nicht. Wer einen echten Eiskaffee bestellt, bekommt diesen in der Regel aber im 200- bis 250-ml-Glas serviert.

Latte-Macchiato-Glas: Die Latte Macchiato ist das große Trendgetränk unter den Kaffeespezialitäten. Den Siegeszug, den sie in den letzten Jahren antreten konnte, wäre ohne das typische Glas, das 200 bis 250 ml fasst, wohl kaum denkbar gewesen. Denn nur im Latte-Macchiato-Glas lassen sich die drei Schichten, die diese italienische Spezialität auszeichnen, angemessen bewundern. Die Gläser sind stets dickwandig und schwer. Andernfalls könnte man sie kaum in der Hand halten – dünneres Glas würde schlichtweg zu heiß.

Dekorationen

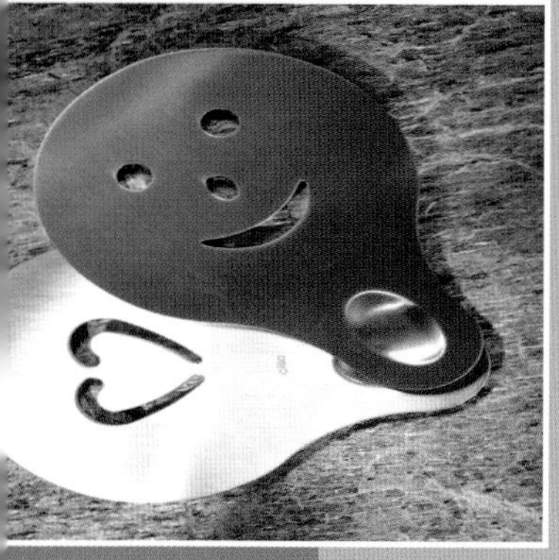

Kunstvolle Verschönerung

Das dunkle Braun eines Kaffees und das Weiß der aufgeschäumten Milch ergeben einen wunderbaren farblichen Kontrast – und der schreit förmlich danach, für kunstvolle Verzierungen genutzt zu werden.

Zu den bevorzugten Dekorationsmethoden zählt vor allem, in die aufgeschäumte Milch Muster, allen voran florale Motive, einzuarbeiten. Die Technik ist dabei einfach: Mit dem Handgriff eines kleines Löffels oder einem dünnen Stab „zeichnet" man das Motiv in den Schaum. Dieser muss dazu recht cremig und nicht allzu hoch sein. Indem man den Löffelgriff durch die Milch zieht, vermischt sich der braune Kaffee wie bei einer Marmorierung mit dem weißen Milchschaum.

Vor allem Cappuccino krönt man gerne mit Kakaopulver. Dazu bietet der Handel ein breites Spektrum an Schablonen z.B. in Herz- oder Smileyform an. Für den perfekten Auftrag nutzt man kleine Dosen mit Siebdeckel. Die Schablone sollte dabei möglichst knapp über den Milchschaum (ca. 1 cm) gehalten werden, so wird das Motiv am klarsten erkennbar.

Süßes zum Kaffee

Kulinarische Kaffee-Begleiter

Es ist ein Zeichen guter Gastlichkeit und ein Ausdruck von Stil: eine Kleinigkeit zum Kaffee zu reichen. Ob ein kleines Stück Schokolade oder ein großes Stück Torte, ob Gebäck oder Nüsse – es gibt Hunderte von Varianten, die als kulinarische Begleiter des braunen Golds in Frage kommen. Aber nicht jeder schätzt dabei jedes und nicht jedes passt zu jedweder Form von Kaffee.

Eine entscheidende Rolle bei den bevorzugten Beigaben spielt zum Beispiel die individuelle kulturelle Prägung. Sie ist eng mit den erlernten Trink- und Essgewohnheiten in den jeweiligen Heimatländern verbunden (siehe S. 158 ff). So verwundert es nicht, dass man beispielsweise in der Türkei gerne türkischen Honig, in Belgien feine dort hergestellte Pralinen oder in England die dort beliebten Bitterorangen-Schokoladen zum Kaffee genießt.

Eine weitere wichtige Rolle spielt die Geschmacksrichtung des jeweiligen Kaffees, die nicht zuletzt durch den Röstgrad beeinflusst wird. So kommen beispielsweise die feinen Aromen von Pralinenkreationen meist besser im Zusammenspiel mit einem milden Filterkaffee zur Geltung als mit einem starken, bitteren Espresso.

Auch die Konzentration des Kaffees spielt bei der Auswahl von kulinarischen Begleitern eine Rolle: Bei den besonders in mittel- und osteuropäischen Ländern so beliebten Kaffee-Kuchen-Kombinationen trinkt man eher einen „Verlängerten", also einen nur mäßig starken Kaffee – dafür aber in größeren Mengen.

So unterschiedlich die Traditionen in den einzelnen Ländern auch sein mögen: Möchte man zum Kaffee eine Kleinigkeit zu Essen anbieten, greift man in der Regel immer zu Süßem. Denn der Zucker wirkt als Geschmacksverstärker, beziehungsweise als Ausgleich zu den Bitterstoffen im Kaffee. Da Salz diese ausgleichende Wirkung hier nicht erzeugen kann, ist es unüblich, zum Kaffee etwa Salzgebäck zu naschen.

Bei Früchten zum Kaffee scheiden sich die Geister. Auch sie werden in der Regel nicht mit Kaffee kombiniert, wenngleich es immer auch Ausnahmen gibt. So schätzen einige zum Beispiel süße Bananen, andere lieben das würzige Kaffeearoma eher mit dunklen Früchten wie Kirschen oder Pflaumen.

Beliebte Begleiter

- Schokolade: Sie ist die wohl beliebteste Zugabe zum Kaffee: die Schokolade. Und das vor allem deshalb, weil sich viele Aromen des Kaffees in dem Kakaoprodukt – das ja auch aus Bohnen entsteht – wiederfinden. Hinzu kommt, dass sehr viele der beliebtesten (und auch preiswerten) Schokoladen relativ süß sind. Und diese Süße bildet ein gutes Gegengewicht zu den Bitterstoffen des braunen Golds.

Nicht jede Schokolade passt aber gleich gut zu jedem Kaffee. Die einfache Grundregel lautet: je heller der Kaffee, desto heller auch die Schokolade. Zu Filter- und Milchkaffee reicht man deshalb am besten Milchschokolade. Zu einem starken Kaffee hingegen passen besser dunkle Schokoladen mit einem hohen Kakaoanteil von 70 Prozent und mehr.

Pralinen: Die kleinen edlen Kakaokreationen adeln jeden feinen Kaffeegenuss und sind vor allem in Mitteleuropa sehr beliebte Beigaben. Besonders geeignet sind vor allem Pralinen, deren Zutaten die Aromen des Kaffees aufgreifen wie z.B. Nuss oder Sahne. Selbstverständlich kommen hier auch Füllungen mit feinem Alkohol sehr gut zur Geltung. Damit die Pralinen nicht vom Geschmack des Kaffees dominiert werden, greift man am besten zu einem milderen Filterkaffee; sehr kräftige Röstungen hingegen sind für diese Genusskombination weniger gut geeignet.

Nüsse & andere Knabbereien: Nüsse oder Mandeln bieten eine harmonische Ergänzung zum Kaffee. Und wer von den braunen Bohnen gar nicht genug bekommen kann: Es gibt sie sogar zum Knabbern mit Schokoladenüberzug.

Kuchen & Gebäck (siehe S. 248 ff)

Zubehör

Sinnvolles und Schönes

Bei der großen Beliebtheit des Kaffees und dem zum Teil außergewöhnlichen Kult, der um ihn betrieben wird, wundert es nicht, dass Kaffeeliebhaber unter einer recht großen Auswahl an Zubehör wählen können. Vieles ist fein designt und dementsprechend teuer – schließlich geht es hier auch um Geschäftemacherei.

Unverzichtbar ist in jedem Fall eine luftdicht verschließbare Aufbewahrungsdose – und das sowohl für lose Bohnen als auch für Pulver (siehe auch S. 156). Für die richtige Pulvermenge pro Tasse sorgt ein Kaffeelot, das es als Centartikel in Plastik oder als teure Designvariante in Edelstahl gibt. Natürlich kann man einfach auch nur zu einem Esslöffel greifen, aber gerade bei gutem Kaffee macht das Abmessen mit Lot einfach mehr Spaß. Daneben findet sich in den Regalen von Kaffeegeschäften allerlei Schnickschnack, der für den wahren Genuss kein „Must", sondern nur ein „Nice to have" ist wie z.B. designte Kapsel- oder spezielle Filtertüten-Halter.

Richtig aufbewahren

Luftdichte Frische

Kaffee ist ein Lebensmittel – und so gilt natürlich auch hier, was für alle anderen Lebensmittel gilt: Frisch schmecken sie am besten und allzu lange sollte man selbst die braunen Bohnen nicht aufbewahren. Es ist allerdings nicht so, dass Kaffee selbst bei mehrjähriger Lagerung wirklich schlecht wird – alter Kaffee ist nicht gesundheitsgefährdend. Er schmeckt nur einfach nicht mehr.

Wie lange er gelagert werden kann, ist zunächst von der Grundverpackung abhängig. In luftdichter Originalverpackung hält er mehrere Monate. Lose Bohnen, die man beim spezialisierten Kaffeehändler in Tüten bekommt, sollten so schnell wie möglich verbraucht werden. Das gleiche gilt für geöffnete Bohnen- oder Pulverpakete. Denn der Kontakt mit der Luft führt unausweichlich dazu, dass Aromen in diese entweichen. Je länger der Kaffee offen steht, desto mehr verliert er also an Geschmack – besonders dann, wenn es in Räumen so herrlich nach Kaffee duftet.

In jedem Fall ist es sinnvoll, Kaffeepulver – aber auch ganze Bohnen – in einer luftdicht verschließbaren Dose aufzubewahren. Grundsätzlich sollte der Kaffee dabei immer trocken gelagert werden. Wenn er Feuchtigkeit zieht, ist der gute Geschmack schnell dahin.

Experten streiten darüber, ob man den Frischeeffekt steigern kann, wenn man losen Kaffee oder auch die Aufbewahrungsdosen im Kühlschrank lagert. Dafür spricht, dass sich Lebensmittel grundsätzlich bei kühler Lagerung besser halten. Dagegen wird angeführt, dass im Kühlschrank durch die Lagerung ganz unterschiedlicher Lebensmittel immer Gerüche entstehen. Und diese könnten das Kaffeearoma negativ beeinflussen.

Ein Augenmerk verdienen in diesem Zusammenhang auch Pads. Die dünnen Papiere, in denen sich der Kaffee hier befindet, schützen ihn nicht vor den Einwirkungen der Luft. Deshalb gilt auch hier: Angebrochene Pad-Beutel möglichst rasch verbrauchen und unverbrauchte Pads möglichst in einer geschlossenen, luftdichten Dose aufbewahren.

Ländertraditionen

Vielfältige Traditionen

Andere Länder, andere Kaffeesitten

Kaffee zu trinken, ist ganz simpel: Kaffee in Glas oder Tasse füllen und einfach nur genießen – letztlich ist dies auf der ganzen Welt gleich. Und trotzdem: Fast rund um den Globus haben sich im Laufe der Jahrhunderte ganz unterschiedliche Traditionen, Rituale und Eigenheiten entwickelt, wie man welchen Kaffee am besten zubereitet und serviert.

Die Unterschiede sind zwar oft nur fein – aber dennoch meist auch geschmacksprägend. Das bezieht sich nicht nur auf die verwendeten Kaffeesorten und Zubereitungsarten, sondern auf eine ganze Reihe von weiteren Faktoren: von der Uhrzeit und dem bevorzugten äußeren Rahmen über das verwendete Geschirr und die dazu gereichten Zugaben bis hin zu sozialen und kulturellen Aspekten.

Die folgenden Seiten stellen die wichtigsten Kaffeetraditionen nach Länderregionen vor und beleuchten die jeweiligen Eigenheiten, ohne allerdings Anspruch auf Vollständigkeit erheben zu können – dafür sind die Genussmöglichkeiten zu vielfältig und unüberschaubar.

Türkei & Orient

Der pure Mokka-Genuss

Im Orient liegen die Wurzeln des Kaffeegenusses. Und die Türken waren es, die der Kaffeebohne in Europa den Weg bahnten. Heute steht die Heimat des schwarzen Goldes ganz im Zeichen des Mokkas. Am liebsten trinkt man ihn hier morgens zum Frühstück und am späten Nachmittag, um nach der langen Mittagshitze die Lebensgeister wieder zu erwecken.

Türkischer Kaffee wird immer mit einem Glas Wasser serviert. Mit kandierten Früchten, süßem Geleekonfekt oder in Honig getränkten Kuchen aus Blätterteig und Nüssen ist die orientalische Kaffeestunde perfekt.

Die Türken übernahmen Mitte des 16. Jahrhunderts den Kaffee, als der Gouverneur von Äthiopien dem herrschenden Sultan Süleyman die schwarzen Bohnen als prächtiges Gastgeschenk überbrachte. Am

Hof in Istanbul soll damals ein echter Kaffee-Boom entbrannt sein. Hier sollen die Rituale der Kaffeezubereitung entwickelt und abgewandelt und ganze Kaffee-Wettbewerbe ins Leben gerufen worden sein.

Schon damals also fand der Kaffee seinen Weg in die türkische Lebensweise. Noch immer trifft man sich in den Pastane (Pasta bedeutet auf Türkisch Kuchen) oder Kahvehaneler, in den türkischen Kaffeehäusern, die als Dreh- und Angelpunkt des gesellschaftlichen Lebens den kultivierten Genuss des schwarzen Tranks pflegen. Ob aber Zuhause oder im Café, das Kaffeetrinken prägt das soziale Leben. So lautet ein türkisches Sprichwort: „Mein Herz will weder Kaffee noch Kaffeehaus, mein Herz will Unterhaltung. Kaffee ist nur eine Ausrede."

Es heißt auch, dass in der Türkei eine Einladung zum Kaffee einem Freundschaftsangebot gleiche. Denn ein weiteres türkisches Sprichwort zum Thema Kaffee lautet: „Eine Tasse Kaffee steht für vierzig Jahre Freundschaft".

Österreich

Die Seele des Kaffeehauses

Hier lebt sie noch, wird gehegt und gepflegt wie ein lieb gewonnenes Pflänzchen: die gute alte Kaffeehaustradition. In Österreich, oder besser gesagt in Wien, ist das Café um die Ecke für viele noch so etwas wie das zweite Wohnzimmer. In den bequemen Sesseln oder Stühlen fühlt man ein Stück Heimat, Geborgenheit und Ruhe. Hier nimmt man sich die Zeit, Kaffee mit Muße zu genießen, ausführlich Zeitung zu lesen oder auch einen intimen Plausch zu halten.

Hektik und Stress scheinen Fremdwörter, die man mit Betreten der Kaffeehäuser an der Garderobe abzugeben scheint. Die Atmosphäre ist gedämpft, lange nicht so laut wie beispielsweise in Italien, aber auch nicht so steif wie in traditionellen deutschen Cafés.

Allerdings: Den Charme, den man mit den romantischen Kaffeehaus-Bildern der Kaiserzeit verbindet, findet man in den Räumlichkeiten nur noch selten. Viele Kaffeehäuser sind vor allem in den 1970er-Jahren renoviert worden – die einst so heimelige Ausgestaltung ist zeitgerechtem Interieur gewichen. Besonders deutlich wird dies beim legendären „Café Central" oder auch im berüchtigten „Havelka", zwei Häuser, die heute nur noch ein müder Abklatsch ihrer selbst sind.

Gleichwohl: Der Geist der großen Kaffeehaus-Zeiten lebt weiter. Andere Cafés sind heute die Treffpunkte der Stadt, wie das „Landtmann" im Schatten des Burgtheaters. Hier sieht und trifft man sie noch: Literaten, Schauspieler und Politiker, die wie eh und je diskutieren und debattieren, tratschen und klatschen.

Und noch eines hat sich nicht verändert: Das breite Angebot österreichischer Kaffeespezialitäten, die die Ober traditionsgemäß oft etwas grantelig, aber dennoch mit typisch wienerischem Schmäh servieren. Besonders für deutsche oder schweizerische Besucher ist es nach wie vor etwas Besonderes, die Karten zu studieren und all die kleinen Kaffeeköstlichkeiten mit den schönen Namen zu probieren: Einspänner, Verlängerter, Melange. Spätestens der erste Schluck bringt es dann zutage: das einzigartige Wiener Kaffeehausgefühl.

Deutschland

Kaffeegenuss als Mahlzeit

„Komm doch morgen zum Kaffeetrinken!" Diese typisch deutsche Einladung wird wohl nirgendwo sonst auf der Welt – sieht man einmal von Österreich und der Schweiz ab – so verstanden wie zwischen Nordsee und Alpen. Denn dies ist weniger eine Aufforderung zum gemeinsamen Trinkgenuss, als vielmehr eine Einladung zu einer besonderen gemeinsamen Mahlzeit: Kaffee und Kuchen.

Es gibt wohl nur wenige kulinarische Traditionen, die ausländische Besucher so verblüffen wie die deutsche Kaffeetafel: Bei Einladungen präsentiert sie sich als schön gedeckter Tisch, mit ausgesuchtem Geschirr und abgestimmten Servietten. Gleich mehrere Kuchen oder Torten warten auf die Genießer. Und im Zentrum der Tafel steht ein Gefäß, das man anderswo so kaum kennt: Die große, zum Service passende Kaffeekanne, gefüllt mit feinem Filterkaffee.

So sehr sich auch die Kaffeezeiten in Deutschland geändert haben – fast überall gibt es mittlerweile schicke Cafébars mit internationalen

Spezialitäten – der gedeckte Kaffeetisch hat überdauert. Ob Taufe, runder Geburtstag oder Hochzeit: Noch immer ist er vor allem bei großen Familienfeiern ein wichtiger kulinarischer Höhepunkt. Und nicht wenige Familien legen nach wie vor Wert darauf, dass man sich am Sonntagnachmittag zum gemeinsamen „Kaffeetrinken" einfindet.

Das Kaffeekränzchen

Untrennbar mit der gedeckten Kaffeetafel ist eine weitere, einzigartige Kaffeetradition verbunden: das Kaffeekränzchen. Bereits Mitte des 18. Jahrhunderts trafen sich die feinen Damen zum gesellschaftlichen Plausch bei Kaffee und Kuchen. Auch wenn heute diese netten Klatsch- und Tratschstunden etwas aus der Mode gekommen sind – dass Frauen sich noch immer gerne mit Freundinnen oder Nachbarinnen zum nachmittäglichen Kaffeevergnügen verabreden, wird wohl niemand in Abrede stellen.

Noch zu Beginn der 1970er-Jahre legten die Gastgeberinnen äußersten Wert darauf, dass „echter Bohnenkaffee" gereicht wurde. Was heute wie Nonsens klingt, hatte seine historische Berechtigung: Nach Ende des Zweiten Weltkriegs bis weit in die 1960er-Jahre hinein war Kaffee in Deutschland ein Luxusgut, das sich nur „gut Betuchte" leisten konnten. Stattdessen trank man minderwertigen „Ersatzkaffee", der ein wenig wie echter Kaffee schmeckte, aber aus preiswerten Ersatzstoffen hergestellt wurde.

Privater Kaffeegenuss zuhause

Zu den deutschen Eigenheiten zählt, den Kaffeegenuss überwiegend im privaten Rahmen zu zelebrieren. Während man sich beispielsweise in Italien oder Frankreich meist in Cafébars trifft, so schätzt man quer durch alle Bundesländer besonders die intime Atmosphäre der eigenen vier Wände.

Gleichwohl findet sich in jedem größeren Ort ein typisches Stadtcafé, in dem auch die Kaffeehaustradition fortbesteht. Dabei handelt es sich in Deutschland meist um Café und Konditorei in einem. Hier trifft man sich also nicht nur um Kaffeespezialitäten wie das berühmte Kännchen Filterkaffee zu trinken, sondern auch um sich ein feines Stück Kuchen oder Torte auf der Zunge zergehen zu lassen.

So sehr man bei Deutschland auch an Biergenuss denken kann – zum typischen Bild der beliebtesten deutschen Freizeitregionen zählt das Ausflugscafé. Vor allem in den grünen Gürteln rund um die Großstädte findet man sie allerorten: Gastronomiebetriebe, die nicht nur Sonntagsnachmittags mit einem speziellen Kaffee- und Kuchenangebot die Gäste anlocken. Und dieses Angebot nehmen vor allem junge Familien und Senioren gerne wahr. Oft sind es grüne Oasen, die dem Stadtbewohner, der in Betonschluchten keinen eigenen grünen Freisitz besitzt, die kleine Illusion vermittelt, Kaffee und Kuchen im privaten Rahmen zu sich zu nehmen.

Schweiz

Feinster Kaffee & große Confiserie

Die Schweiz ist ein wahrer Schmelztiegel des Kaffeegenusses: Aus dem Süden kommt die italienische Trinkkultur wie der Espresso. Von den Österreichern im Osten hat man viele ihrer wunderbaren Rezepte übernommen. Aus dem Westen haben die Eidgenossen die Kaffeegenüsse der französischen Küche und aus dem Norden die der deutschen Filterkaffee-Tradition abgeschaut. So wundert es nicht, dass man in der Alpenrepublik Kaffee in all seinen Facetten zu zelebrieren weiß.

Aber die Schweizer haben sich nicht nur die Kaffeerosinen ihrer Nachbarländer herausgepickt: Mit dem „Café Schümli" haben sie selbst eine der besten Kaffeerezepturen kreiert: „Schümli" bedeutet so viel wie „Schäumchen" und bezieht sich auf die feine Crema dieses überaus milden Espressos, der kaum Bitterstoffe oder Säure aufweist. Dies erreicht man durch eine besondere Auslese der Bohnen und eine sehr schonende hellbraune Röstung.

Ihre Liebe zum Kaffee paaren die Eidgenossen zudem mit einer nicht weniger großen Leidenschaft zu feinster Schokolade und ausgesuchtem, süßem Gebäck. Dies alles weiß man stilvoll zu genießen: Wohl nirgendwo sonst auf der Welt sind die Kaffeehausbesucher – im wahrsten Sinne des Wortes – so gut betucht wie in den Kaffeehäusern der großen Metropolen Basel, Bern und Zürich.

Vor allem in der Stadt am Zürichsee finden sich die großen Traditionshäuser des eidgenössischen Kaffeegenusses. Dazu zählt nicht nur die Jugendstilpracht des „Odeon" sondern vor allem auch das berühmte „Sprüngli". Es ist eine der ersten Adressen für feinste Confiserie weltweit. Dabei sind die köstlichen „Luxemburgerlis" nur eine von vielen herausragenden Spezialitäten schweizerischer Konditorenmeister. Kurzum: Wer Kaffee und Kuchen liebt, kann die Alpenrepublik als kleines Schlaraffenland erleben.

Italien

Kaffee und Kommunikation

Wenn es einen Ort gibt, an dem sich die italienische Seele offenbart, dann hier: in der Café-Bar. Denn die zumeist kleine Räumlichkeit ist weitaus mehr als eine Verkaufsstelle für Getränke. Sie ist das eigentliche Lebenszentrum, der gesellschaftliche Treffpunkt schlechthin, ganz gleich ob im kleinsten Dorf oder in der größten Stadt.

Ein Tag ohne das Café um die Ecke ist für die meisten Italiener kaum vorstellbar. Schon früh morgens – oft auf dem Weg zur Arbeit oder auf dem Begleitweg zu Kindergarten oder Schule – kehrt man hier kurz ein, um sich einen Espresso und ein „Dolce", ein köstlich süßes Teilchen, zu gönnen. Und natürlich werden kurz laut und wild gestikulierend die wichtigsten Neuigkeiten oder das Fernsehprogramm vom Vorabend diskutiert.

Dieser morgendliche Schnellbesuch im Café um die Ecke wird nicht der letzte an diesem Tag gewesen sein. Ob als Stopp bei einer Autofahrt, im Rahmen einer kleinen Pause

oder einfach nur bei der Arbeit zwischendurch – wann immer es geht, trinkt man auf die Schnelle einen Espresso. Früher ging das ganze soweit, dass Arbeitsplätze nie durchgängig besetzt waren. Als die römische Stadtverwaltung Anfang der 1980er-Jahre ihren Beamten die Café-Kurzbesuche gänzlich untersagen wollte, zog sie den Groll des ganzen Landes auf sich – einige Zeitungen empörten sich sogar, die nationale Identität sei in Gefahr.

Auch wenn man sich in Italien mittlerweile den internationalen Arbeitszeitvorgaben angepasst hat – der Besuch der Café-Bar ist und bleibt unverzichtbar. Dabei ist dieser Ort alles andere als ein gemütliches Fleckchen für den ruhigen Kaffeegenuss. Wenn es so etwas wie eine Weltmeisterschaft im Kaffee-Schnelltrinken gäbe – die Italiener ständen von vornherein als Sieger fest. Denn es geht hier nicht allein um den Kaffeegenuss: Mit der kurzen Espresso-Pause unterbricht man die hektische Betriebsamkeit des Tages und zeigt, dass es im Leben wichtigeres gibt: Kaffee und Kommunikation.

Man nimmt den Caffè, der aus steuerlichen Gründen immer im Voraus bezahlt werden muss, stets im Stehen ein. Nur Touristen setzen sich – und zahlen dafür gleich ein paar Cent mehr. Straßencafés finden sich traditionell nur an exponierten Plätzen und in den Ferienorten. Zwar haben viele Bars auch ein paar Stühle auf der Straße stehen, aber diese sind erst seit dem Rauchverbot häufiger frequentiert.

Die große Liebe zum Espresso

Die mangelnde Gemütlichkeit machen die Italiener mit ihrer großen Liebe zum Kaffee mehr als wett. Diese gilt im Grunde nur dem Espresso, zu dem – wie in vielen anderen Länder auch – ein Glas Wasser unverzichtbar ist.

Cappuccino oder auch Latte Macchiato, die rund um den Globus als Inbegriffe italienischen Kaffeegenusses gelten, spielen in ihrem Mutterland kaum eine Rolle. Auf dem Stiefel genießt man sie allenfalls zum Frühstück. Dass sie dennoch so populär sind, mag an den typischen italienischen Espressomaschinen liegen, deren Dampfauslass das Aufschäumen der Milch so einfach macht.

Frankreich

Savoir-vivre bei Café au Lait

Heute findet man sie allerorts: die gemütlichen Straßencafés, die zur kleinen Pause von Alltag und Stress einladen. Dabei ist es aber gerade einmal ein halbes Jahrhundert her, dass der unbeschwerte Kaffeegenuss unter freiem Himmel ein rein französisches Privileg war. Und noch immer verweist die Schreibweise des Wortes „Café" eindeutig auf diese frankophilen Wurzeln.

Den Trend setzen die Pariser: In der Seine-Metropole trifft man sich seit eh und je entlang der großen Boulevards zum Kaffeegenuss. Das Bild Frankreichs ist untrennbar mit dem der Bistros entlang des Boulevard St. Michel oder des Boulevard St. Germain verbunden: Mit ihren unverwechselbaren, korbgeflochtenen Stühlen und den kleinen Marmortischen mit geschnörkelten, gusseisernen Füßen prägen hier die Bars seit jeher eines der Urbilder des „Savoir-vivre".

Sich die Zeit zu nehmen – und auch das Geld dafür auszugeben –, in einem Café das Leben zu genießen: dies ist bei Licht betrachtet eigentlich ein wunderbarer Luxus. Denn was kann es schöneres geben, als sich in Ruhe und mit Muße auf einem bequemen Bistrostuhl niederzulassen und einen wunderbaren Café au Lait zu bestellen?

Die Franzosen selbst genießen diesen meistens zum Frühstück. Zubereitet wird er hier vor allem mit einem Kaffeebereiter, der nicht umsonst gern auch als „French-Press" bezeichnet wird. Aber auch einfache Filtermaschinen finden sich in französischen Haushalten.

Ansonsten gönnt man sich gerne auch einmal einen schnellen schwarzen kleinen „Café" zwischendurch – und das wie die Italiener am liebsten in der Lieblingsbar. Denn die gehört zum Leben der Franzosen genauso wie die Sonne zum Kaffeegenuss im Straßencafé.

Kaffeegenuss auf der Iberischen Halbinsel

Natürlich hat der Kaffee auch in Spanien und Portugal eine lange Tradition und seinen festen Platz im Alltagsleben der Menschen, wenngleich auch nicht ganz so exponiert wie in den Nachbarländern Italien und Frankreich. So wie die Italiener ihren Espresso und die Franzosen ihren Petit Café im Dunstkreis eines kleinen Cafés bevorzugen, so nehmen auch die Spanier sehr gerne ihren kleinen schwarzen Muntermacher in einer Bar zu sich. Der starke Kaffee wird meist an der Theke getrunken – wie in Italien auch, sind die Straßencafés eher eine Erfindung der Neuzeit und mehr Treffpunkt von Touristen als von Einheimischen. Die Cafés sind eher schlicht eingerichtete Gastronomiebetriebe denn Genusstempel. Gleichwohl gibt es sie auch, die großen berühmten Cafés wie das „Zurich" an der Plaça Catalunya in Barcelona, das „Brasileira" im Herzen Lissabons oder das „Gran Café de Gijón" direkt an Madrids Flaniermeile, dem Paseo de Recoletos. Das 1888 gegründete „Gijón" repräsentierte lange das Herz des städtischen Kulturlebens Madrids und war damit gleichzeitig Anziehungspunkt für die internationale Kulturszene. Lang ist die Reihe der großen Namen, wie Ava Gardner und Ernest Hemingway, der Philosoph José Ortega y Gasset oder García Lorca, die hier verkehrten.

Benelux

Die Welt der großen Straßencafés

Ob in Amsterdam oder Antwerpen, in Maastricht oder Brüssel: Sobald sich die Sonne am blauen Himmel zeigt und die Temperaturen annehmbar sind, scheint es in den Niederlanden und in Belgien nur einen einzigen Treffpunkt zu geben: das Straßencafé. Nirgendwo sonst findet man in den Innenstädten solche Mengen an Bistrotischen und -stühlen. Jeder auch noch so kleine oder große Platz lädt zum Verweilen und Genießen bei einer Tasse braunem Gold ein.

Die Kaffeekarten sind dabei international geprägt: Hier bekommt man all das, was rund um den Globus geschätzt wird: Ob Latte Macchiato aus Italien, Filterkaffee aus Deutschland oder den kleinen Schwarzen aus Frankreich – hier versteht man sich auf jede Art der perfekten Zubereitung und wirklich guten Kaffeegeschmack.

Das kommt nicht von ungefähr, zählen doch die großen Hafenstädte an den Küsten

Hollands und Belgiens seit der Zeit der Ost- und Westindischen Kompanie zu den wichtigsten Umschlagplätzen für Kaffee überhaupt. Vor allem Belgien profitiert noch heute davon: Hier sind einige der bedeutendsten Kaffeeröstereien Europas beheimatet. Selbst auf Mokka in der Türkei findet sich so z.B. der kleine Schriftzug „Made in Belgique".

Der Kaffeegenuss vor allem in Belgien geht dabei eine wunderbare Liaison mit einer anderen Spezialität ein: der Praline. Die Kombination von edlen Schokoladen-Kreationen und nicht minder guten Kaffeespezialitäten zählt so zu den kulinarischen Highlights eines Besuchs in dem kleinen Königreich an der Nordsee. Den passenden Rahmen für diesen doppelten Genuss bieten vielerorts ebenso stil- wie geschmackvoll eingerichtete Cafés. Hier sollte man also nicht nur das schöne Wetter draußen im Straßencafé genießen, sondern auch den zum Teil großartig gestalteten Innenräumen einen Besuch abstatten.

Osteuropa

Die Tradition der K-u-K-Monarchie

Sie zählen zu den absoluten Highlights jedes Metropolenbesuchs in Tschechien und Ungarn, aber auch in der Slowakei oder in Polen: die großen alten Kaffeehäuser. Zu Zeiten, als die Länder noch von Wien aus regiert und kulturell beeinflusst wurden, sind sie entstanden. Und nirgendwo sonst als in Budapest oder Prag kann man so stilvoll dem Flair der K-u-K-Monarchie nachspüren, wie dort.

Über die Zeiten gerettet haben sich dabei nicht nur Architektur und prunkvolle Inneneinrichtung, sondern auch die wunderbaren Kaffeekarten. Hier findet man oft noch eine Auswahl an Kaffeespezialitäten, wie sie sonst nur in Österreich anzutreffen ist. Hervorzuheben ist dabei auch die oft hervorragende Kuchenauswahl, aufmerksamer und stilvoller Service sowie nicht selten auch Livemusik zur atmosphärischen Untermalung. Kurzum: Vor allem in Prag und Budapest ein paar Stunden im Café zu verbringen, sollte jedem Genießer einmal vergönnt sein.

USA & Kanada

Coffee to go

Fast and easy – dieses typisch amerikanische Leitbild spiegelt sich besonders in der Art und Weise, wie man im Land der unbegrenzten Möglichkeiten den Kaffee zu sich nimmt: nämlich on the road, zwischendurch und unterwegs.

Während man sich im alten Europa gern die Zeit nimmt, den Kaffee in Ruhe an einem Ort zu genießen, ist vor allem das Straßenbild in den amerikanischen Großstädten von Menschen geprägt, die den heißen Muntermacher im Gehen aus den mittlerweile weltweit bekannten Pappbechern trinken. Und in keiner größeren Stadt fehlen die Filialen der mittlerweile weltweit agierenden Gastronomie-Ketten, die diese Trinktradition begründeten.

Auf dem Land hingegen ist man bei längeren Fahrten im PKW, LKW oder Bus nur selten ohne die Thermoskanne oder den passenden „Cup" für den „Cupholder" im Auto unterwegs – ein Umstand, dem mittlerweile alle Autohersteller weltweit bei der Innenausstattung ihrer Fahrzeuge Rechnung getragen haben.

Süße Sirup-Versuchung

Den wahren Trinkgenuss des Kaffees an sich haben die Amerikaner durch eine andere kleine „Erfindung" positiv beeinflusst: Das Süßen des Heißgetränks mit einem Sirup ist erst in Amerika so richtig salonfähig geworden. Vor allem den überaus beliebten Ahornsirup gießt man sich gerne im Land der unbegrenzten Möglichkeiten in den Kaffee.

Die sogenannten Coffee-Flavours gibt es aber nicht nur mit dem Ahorngeschmack: Ob Karamell oder Vanille, Kokos oder Nuss – mittlerweile gibt es ein fast unüberschaubares Angebot an süßen Sirupversuchungen. Und nicht weniger zahlreich sind die zum Teil ausgefallenen Rezepte, wie man sie am besten mit dem Kaffeegeschmack kombiniert.

Umweltsünde Coffee-To-Go-Becher?

Wen beschleicht angesichts von Coffee-to-go-Bechern überquellenden Papierkörben in den großen Metropolen dieser Welt nicht das leichte Unwohlsein, dass hier eine massive Umweltsünde begangen wird? Aber bei genauem Hinsehen ist dem nicht so. Vergleicht man nämlich die Umweltbilanz des Pappbechers mit einer normalen Kaffeetasse, schneiden die Becher gar nicht so schlecht ab: Die Tassen sind in der Herstellung weitaus energiehungriger und müssen nach jedem Gebrauch gespült werden. Dadurch wird die Umwelt sowohl durch das Erhitzen des Spülwassers als auch durch die anschließend notwendige Reinigung des Abwassers belastet. Man hat ausgerechnet, dass die Bilanz der Pappbecher erst nach 2000 Kaffeeportionen negativer ausfällt.

Doch zum Schönreden reicht diese Untersuchung nicht aus. Denn bei dieser Bilanz bleiben die Plastikdeckel und -umrührer, die es normalerweise zum Becher automatisch dazu gibt, unberücksichtigt. Zwar könnte man die Kunststoffe, aus denen diese energieintensiv hergestellt werden, sinnvoll recyclen – aber wer trennt schon den Coffee-to-go-Müll?

Unterm Strich bleibt so festzuhalten: Hin und wieder einen Coffee-to-go zu trinken, ist aus Umweltsicht sicherlich kein Verbrechen. Wer sich aber regelmäßig – zum Beispiel auf dem Weg zur Arbeit oder in der Mittagspause – seinen mobilen Kaffee holt, tut besser daran, einen eigenen, mehrfach einsetzbaren Becher dafür zu nutzen. Und das hat noch einen weiteren Vorteil: Der Kaffee schmeckt einfach besser. Denn in der Geschmacksbilanz kann der Coffee-to-go-Becher der Tasse nicht den Kaffee reichen – dafür gibt er viel zu viel des eigenen Pappgeschmacks an das Heißgetränk ab.

Die schönsten Kaffeehäuser

Tradition & Genuss

Kulturhistorische Institutionen

Die klassischen, alten Kaffeehäuser dieser Welt sind weit mehr als Gastronomiebetriebe: Sie sind eine Hommage an das Kultgetränk, kulinarische Tempel und kulturhistorische Institutionen. Hier reiften die Gedanken der Aufklärung, keimten neue gesellschaftspolitische Ideen, wurde Geschichte geschrieben. Ob in Wien, Paris oder Berlin – die Kaffeehäuser waren und sind politische Debattierzentralen und philosophische Gedankenschmieden, in denen viele Künstler und Intellektuelle, Revolutionäre und Realpolitiker im Dunstkreis des Kaffees zu historischer Größe fanden.

Die Geschichte des Kaffeehauses begann nachweislich 1624, als eine große Ladung arabischen Kaffees im Hafen von Venedig anlandete. Bis dahin hatte man höchstens vereinzelt in anderen großen Hafenstädten der damaligen Zeit wie London oder Amsterdam vom schwarzen Mokka gehört. Die Venezianer waren sofort begeistert. Rasch etablierte sich der Kaffee als Lieblingsgetränk. Man ge-

noss das braune Gold zunächst in einfachen Kaffeehöhlen, ohne Fenster und nur schwach beleuchtet. Hier traf sich ganz Venedig: Morgens die Kaufleute, Advokaten und Ärzte, mittags die Arbeiter, abends die Künstler und halbseidenen Gestalten.

Bald schon wurde der „Caffè turco" allerorts in den Straßen der Stadt verkauft – und schon damals boten Barbiere ihren Kunden ein Tässchen des anregenden Getränks an. Und so wundert es nicht, dass Venedig als Königin der Meere auch die erste westeuropäische Stadt war, in der man ein echtes Kaffeehaus nach heutigen Vorstellungen eröffnete. Dieses war das berühmte „Caffè Florian" am Markusplatz, ursprünglich „Alla Venezia Trionfante" genannt. Es ist ein Ort des Genusses, der bis heute nichts an Anziehungskraft eingebüßt hat.

Doch wenn es einen wirklichen Wendepunkt in der europäischen Kaffeekultur zu benennen gilt, dann das Jahr 1683, als die Türken die Schlacht um Wien verloren. Auf ihrer Flucht mussten sie vieles zurücklassen, darunter – der Legende nach – auch 500 Säcke grüner Bohnen, die man für Kamelfutter hielt. Der Pole Georg Franz Kolschitzky, der sich auf Seiten der Wiener im Kampf große Verdienste erwarb, soll der einzige gewesen sein, der sie als ungeröstete Kaffeebohnen erkannte. Der Wiener Magistrat schenkte ihm zum Dank ein Haus am Wiener Stephansdom und 2000 Gulden sowie die Erlaubnis zum Ausschank von Kaffee.

So schön diese Geschichte um die Geburtsstunde der Wiener Kaffeehaustradition auch sein mag: Tatsächlich wurde das erste Wiener Café, das sich nahe dem Stephansdom befunden hat, erst später von einer zwielichtigen Gestalt, dem armenischen Spion Deodato, eröffnet. In seinem Kaffeehaus „Zur blauen Flasche" bot man den schwarzen Mokka an. Dieser erwärmte schon bald unter Zusatz von Honig und Sahne das Herz der Wiener und machte fortan als „Wiener Melange" Furore. Der Bäcker Wendler kreierte zudem das Kipferl, ein süßes Hörnchen in der Form des türkischen Halbmondes, und vollendete damit den sogenannten „Kaffee komplett".

Die große Zeit der Wiener Cafés

Doch all die Bilder, die wir mit dem Wiener Kaffeehaus verbinden, entstanden erst viel später, nämlich zu Beginn des 19. Jahrhunderts. 1815 begann der Wiener Kongress, zu dem sich der gesamte Hochadel in der österreichischen Metropole versammelte, um nach der Niederlage Napoleons Europa neu zu ordnen. Dabei wurde vor allem auch viel gefeiert, wie das geflügelte Wort „der Kongress tanzt" belegt. Ergänzen könnte man es aber auch um den Ausspruch „... tanzt und trinkt Kaffee", denn die Wiener Kaffeehäuser avancierten zu beliebten Treffpunkten.

Hier tranken die Mächtigen und Schönen, die Künstler und Intellektuellen nicht nur ihren Kaffee – sie zelebrierten ihn. Die Ausstattung der Cafés war atemberaubend und eher mit den Speisesälen von Palästen als mit Restaurantbetrieben zu vergleichen.

Aus dieser Zeit ist auch eines der berühmtesten Zitate um den Kaffee datiert: Charles-Maurice de Talleyrand-Périgord, einer der wichtigsten Diplomaten auf dem Kongress, schickte von Wien aus einer Angebeteten ein Päckchen Kaffee nach Frankreich und schrieb dazu: „Schwarz wie der Teufel, heiß wie die Hölle, süß wie die Liebe – Du und der Kaffee".

Zu K-u-K-Zeiten, als der Kaiser von Österreich zugleich König von Ungarn war, gelangte die Wiener Kaffeekultur auch nach Budapest, wo einige der schönsten und prunkvollsten Kaffeehäuser der Welt entstanden wie das „New York", das „Central" oder auch das „Gerbeaud". Sie sind bis heute aufs Beste erhalten und restauriert. Wer dem Urgeist des Kaffeehauses nachspüren möchte, dem empfiehlt sich ein Besuch der ungarischen Hauptstadt.

Die Café-Gründungen in Budapest waren aber bei weitem nicht die einzigen: In allen Metropolen Euro-

pas entstanden nach und nach große Kaffeehäuser nach Wiener Vorbild mit samtroten Sesseln, prächtigen Kronleuchtern und wertvollen Wandbehängen. Die Decken und Säulen gestaltete man mit kunstvollem Stuck aus und verzierte sie mit Blattgold. Der Kaffee selbst wurde in feinstem Porzellan serviert; dazu reichte man edle Pralinen oder süßes Gebäck. Die Genüsse für den Gaumen und das Auge wurden durch genussvolles für die Ohren vollkommen – kleine Orchester spielten leichte und beschwingte Stücke auf, die berühmte Kaffeehausmusik.

Berühmte Kaffee-Genies

Den Mythos des Kaffeehauses haben aber nicht in erster Linie die Cafés selbst begründet: Es waren die Gäste, die diese Orte so besonders und auch berühmt gemacht haben. Ganz gleich, welche bekannten Kaffeehäuser man in Europa auch nimmt: die Namen der Besucher lesen sich wie das Who-is-Who der Kulturgeschichte – und das quer durch die Jahrhunderte. So wird vom „Caffè Florian" berichtet, dass hier Mitte des 18. Jahrhunderts Giacomo Casanova ein- und ausging. Große Schriftsteller und Dichter haben am Markusplatz nicht nur das braune Gold genossen, sondern auch über das Café selbst geschrieben. Johann Wolfgang von Goethe, Honoré de Balzac und Marcel Proust zählten zu den berühmten Gästen des Florian, ebenso wie Richard Wagner und Thomas Mann.

In Wien bezeichnet man das Ende des 19. Jahrhunderts sogar als die Ära der Kaffeehaus-Literaten. Zu ihnen zählen Größen wie Hugo von Hoffmannsthal, Karl Kraus oder Arthur Schnitzler, die sich besonders gern im „Café Griensteidl" trafen, das über Jahrzehnte vor allem die Heimat der Linken war. Mit den Zeiten änderten sich auch die Treffpunkte. So wurde auch das „Café Herrenhof" dank seiner schreibenden Gäste berühmt, vor allem aber das „Café Central". Hier lagen 200 Zeitungen aller Länder aus, über 70 Jahre war es Anziehungspunkt für Journalisten, Literaten und Künstler. Letztere allerdings zog es auch in andere Häuser wie ins „Café Museum".

Doch nicht nur die Schöngeister trafen sich beim oder zum Kaffee, sondern ebenso Avantgardisten, Querdenker und Revolutionäre. Vor allem in Paris traf man sich in den Cafés des Studentenviertels Saint-Germain zum Rendezvous und zur Verschwörung, allen voran im „Café Le Procope". Hier diskutierten bereits Diderot, Rousseau und Voltaire genauso wie Robespierre oder der junge Bonaparte. Auch Karl Marx, Heinrich Heine oder Richard Wagner zählten zu den Gästen im Procope, das heute ein Restaurant ist. Nach dem Zweiten Weltkrieg erklärten

Simon de Beauvoir und Jean Paul Sartre die Cafés von Saint-Germain zur Bühne der Existentialisten.

Den Mächtigen waren die Kaffeehäuser dabei oft genug ein Dorn im Auge. Hier witterten sie Verrat und Revolution. So ließ beispielsweise bereits 1511 Kahir Beg, Gouverneur von Mekka, den öffentlichen Genuss von Kaffee verbieten: Es seien immer wieder diese Kaffeetrinker, die Scherze über seine politischen Pläne machten.

Auch Charles II., König von England, ließ im 17. Jahrhundert die Cafés schließen, weil man das Königshaus dort kritisch diskutierte. Die Verbote waren allerdings immer nur von kurzer Dauer, denn sonst hätte sich das Kaffeehaus nicht zu dem entwickeln können, was es heute noch ist: Ein Hort des Kaffeegenusses, der Kultur und der Kommunikation.

Kaffehäuser finden sich so heute rund um die Welt. Einige von ihnen aber stechen aus den Hunderttausenden heraus – die kleine Auswahl auf den nächsten Seiten stellt die berühmtesten unter ihnen vor.

Caffè Florian

Café Florian

Piazza San Marco
30124 Venezia
www.caffeflorian.com

Venedig: Das älteste Café Europas

Schöner kann kein Café der Welt liegen: Das Caffè Florian in Venedig, gegründet 1720, befindet sich direkt unter den Arkaden am Markusplatz. Hier, im weltberühmten Zentrum der Lagunenstadt, reiht sich zwar Café an Café, aber kein anderes kann von sich behaupten, das älteste noch bestehende Kaffeehaus Europas zu sein.

Das Florian liegt fast ein wenig versteckt am Ende des Platzes, im Schatten des großen Uhrenturms und lädt mit einer geräumigen Terrasse und seinen eleganten hohen Fenstern zum stilvollen Verweilen ein. Auch wenn die Säle des großen Cafés, in denen sich die Einrichtungen des Rokoko, des Empire und des Biedermeiers spiegeln, zum stilvollen Verweilen einladen – am spektakulärsten ist der Kaffeegenuss direkt auf dem Markusplatz. Zu klassischer Klaviermusik, die hier noch live am Flügel gespielt wird, kann man die große Geschichte am authentischsten einatmen. Allerdings ist dies ein äußerst teures Vergnügen – in keinem anderen der berühmten Kaffeehäuser zahlt man so viel für eine Tasse Kaffee wie hier.

CAFFÈ FLORIAN

Café Gerbeaud

Café Gerbeaud

Vörösmarty tér 7
V. kerület, Budapest
www.gerbeaud.hu

Budapest: Der Glanz der K-u-K-Zeit

Als eines der weltweit prachtvollsten Kaffeehäuser gilt seit 150 Jahren das Café Gerbeaud in Budapest. Benannt ist die heutige Kaffeehauslegende nach dem Schweizer Emil Gerbeaud, der es 1884 übernahm.

In seinen prunkvollen Jugendstil-Räumen lässt sich noch heute der besondere Charme der K-u-K-Zeiten atmen: Mit allerlei Kaffeeköstlichkeiten wie der Kaisermelange, und süßen Kreationen der Konditoren wie der Budapester Spezialität, der Eszterházytorte, verwöhnten die eleganten, schwarz-weiß gekleideten Kellner damals wie heute Stammgäste und die zahlreichen Besucher aus aller Welt.

Auch in Budapest galten die Kaffeehäuser als Treffpunkt der Kunstliebenden und -schaffenden, der Journalisten, Politiker und Bohemien, die hier unter mächtigen Kronleuchtern zusammen kamen, redeten und Inspiration suchten.

Café Nouveau Obecní Dum

Café Nouveau Obecní Dum

Namesti Republiky 5
Prag
www.kavarnaod.cz

Prag: Prächtiger Jugendstil

Beim Eintreten in das Jugendstil-Café im Prager Gemeindehaus Obecní Dum betritt man eine andere Welt: In dem prächtigen, 1912 erbauten Saal scheint die Zeit stehengeblieben zu sein, jedes noch so kleine Detail scheint aus der Ursprungszeit des Hauses vor hundert Jahren bewahrt; allein die üppigen, kunstvoll verzierten und frisch duftenden Torten auf dem großen Servierwagen holen einen in die Realität des 21. Jahrhunderts zurück.

Livrierte Kellner erwarten dezent ihre Gäste und präsentieren freundlich stolz die prachtvollen Torten, die sie auf dem Wagen an jeden Tisch heranfahren und geradezu zeremonien-meisterhaft servieren. Der Gast sitzt, staunt und lauscht – denn, wie könnte es anders sein – ein Trio älterer schwarzbefrackter Herren bringt dezenten Jazz zu Gehör. Auch wenn dieser nicht ganz Jugendstil-zeitgemäß ist, rundet die Livemusik das visuelle und kulinarische Caféerlebnis perfekt ab – ein Erlebnis für alle Sinne.

Café Sacher

Café Sacher

Philharmonikerstraße 4, 1010 Wien
www.sacher.com

Wien: Inbegriff des Kaffeehauses

Es gibt wohl keinen Kaffeehausnamen, der weltweit so berühmt ist wie der des Café Sacher, dem kleinen aber feinen Genusstempel direkt neben dem so traditionsreichen Hotel Sacher. Und dies liegt nicht so sehr an dem wunderschönen Café selbst, sondern vielmehr an seiner Torte: Denn hier, im Herzen von Wien, lässt sie sich absolut stilecht genießen, die Sacher-Torte, am besten zusammen mit einer Wiener Melange. Serviert wird die süße Köstlichkeit noch immer nach dem Originalrezept von 1832 auf feinstem Wiener Porzellan. Der Legende nach soll der Kochlehrling Franz Sacher diesen Kuchen im Auftrage des berühmten Fürst von Metternich anlässlich des Wiener Kongresses – als Dessert für seine hochrangigen Gäste – kreiert haben.

Heute erfreuen sich Einheimische sowie auch zahlreiche internationale Gäste an dem Blick auf die Wiener Staatsoper, der eine fantasievolle Zeitreise in das Wien der Kaiserin Elisabeth verspricht.

Café Kranzler

Berlin: Spiegelbild einer Stadt

Es ist sicherlich das berühmteste Café Deutschlands: das Kranzler in Berlin. Direkt am Kurfürstendamm gelegen, verkörpert es die Geschichte Berlins wie kein zweites. Denn die Wandlungen, die das Kaffeehaus erlebte, sind ein Spiegelbild fast 200-jähriger Stadthistorie.

Der Österreicher und Konditor Johann Georg Kranzler eröffnete das nach ihm benannte Café 1835. An der Ecke Unter den Linden/Friedrichstraße entstand damit ein Treffpunkt der damaligen Berliner Schickeria und des hohen Adels. Kranzler verstand es schon damals seine Gäste mit Livemusik und Berlins hübschesten Serviererinnen zu betören.

Einen weiteren Höhepunkt erlebte das Haus in den wilden 1920er-Jahren. Im Zweiten Weltkrieg zerstört, lag es nach 1945 im Herzen Westberlins – kaum ein Stadtbesucher konnte an dem großen, beleuchteten Schriftzug auf dem Dach des Cafés vorbeischauen. Nach der Wiedervereinigung rückte das Haus dann aus dem Blickpunkt der Weltöffentlichkeit heraus. Die Metropole wandelte sich, und mit ihm das

Kranzler. So gehört das Traditionscafé mit seinen typisch rot-weiß gestreiften Markisen nach wie vor zum „Muss" der Berlin-Touristen, aber innen gibt sich das Kranzler heute eher sachlich-modern als historisch-romantisch. Der direkte Ausblick auf das bunte Treiben am Kurfürstendamm sichert dem Haus aber nach wie vor seinen Platz unter den Top-Adressen der internationalen Kaffeekultur.

Café Kranzler

Kurfürstendamm 18
10719 Berlin
www.cafekranzler.de

Café de Flore

Das Avantgardisten-Café in Paris

Zu den schönsten Bildern von Paris zählen die wunderbaren Straßencafés im Herzen der Stadt, in denen sich das Savoir vivre so unnachahmlich genießen lässt. Das berühmteste von ihnen ist das Café de Flore. Seinen Ruf hat es vor allem dem legendären französischen Schriftstellerpaar Jean Paul Sartre und Simone de Beauvoir zu verdanken, denn hier sollen ihre wegweisenden Gedanken des Existentialismus gereift sein.

Aber nicht nur ihre Namen sind eng mit dem Flore verbunden: In dem kleinen Café am Boulevard Saint-Germain im Arrondissement Saint-Germain-des-Pres bewegte sich einst die Pariser Avantgarde des 20. Jahrhunderts. Seitdem fühlten sich hier Künstler, Schriftsteller und Poeten, Filmemacher, Schauspieler und Intellektuelle gleichermaßen zuhause.

Benannt wurde das Café übrigens nach einer Skulptur der Göttin Flora, die zur Zeit seiner Gründung im Jahr 1887 die gegenüberliegende Straßenseite zierte.

Ganz im Zeichen seiner ehemaligen prominenten Besucher leiht das Café de Flore auch im 21. Jahrhundert einem wichtigen französischen Literatur-Preis seinen Namen und bietet gleichzeitig den richtigen Rahmen seiner Verleihung. Die Pariser treffen sich zum Frühstück in der 1. Etage des Cafés. Im Sommer spielt sich das bunte Treiben vor allem unter den Markisen im Freien ab. Und jeder Besucher kann sich so selbst davon überzeugen, ob Juliette Greco immer noch recht hat, die einst sagte, dass hier „die Menschen weniger hässlich sind als anderswo."

Café de Flore

172 Boulevard
Saint-Germain
75006 Paris
www.cafedeflore.fr

Grand Café Odeon

Zürich: Treffpunkt der Literaten

Am 1. Juli 1911 eröffnete der Kaufmann und Oberst Julius Uster das Grand Café Odeon an der Ecke des damaligen Sonnenquais (heute Limmatquais) und der Rämistraße. Hier sollte ein Kaffeehaus nach altbewährtem Wiener Vorbild entstehen, das den Zürichern als gehobener Treffpunkt mit Niveau dienen sollte.

So entstand ein prunkvolles Lokal im Jugendstil, das mit hohen Fenstern, strahlenden Kronleuchtern und mit Marmor verkleideten Wänden zum Verweilen einlud. Damals sorgte eine hauseigene Konditorei für die süßen Leckerli und feinsten Kaffeegenuss; ein Billardraum und Schachspiele sowie ausgelegte internationale Zeitungen für Unterhaltung und Information.

Wie auch seine großen europäischen Vorbilder galt das Ode-

on als Künstler- und Intellektuellen-Treffpunkt. Große Namen wie Stefan Zweig, Albert Einstein, Erich Maria Remarque, Klaus Mann und sogar Lenin zieren seine endlose Gästeliste prominenter Besucher.

Auch nach dem Zweiten Weltkrieg behielt es seinen Ruf als „Szene-Lokal" bis es ihn in den 1970er-Jahren durch Drogenkriege ausländischer Dealerbanden kurzfristig verlor. Seit den 1990er-Jahren steht das Odeon – allerdings in verkleinerter Form – wieder seinen Gästen offen.

Café Odeon

Limmatquai 2
CH-8001 Zürich
www.odeon.ch

Café Landtmann

Der Künstlertreff in Wien

Franz Landtmann gründete am 1. Oktober 1873 das Café Landtmann im Palais Lieben-Auspitz am Dr.-Karl-Lueger-Ring im Wiener 1. Bezirk Innere Stadt. Von der Pracht der Ringstraße war damals noch kaum etwas zu sehen – Rathaus und die neue Universität waren erst im Bau und auch

das Burgtheater gab es als Nachbarn noch nicht. Schon bald avancierte „Wiens eleganteste Café-Localität", wie der erste Besitzer sie anpries, zu einem begehrten Treffpunkt für Schauspieler, Theaterleute, Studenten und Politiker.

Schillernde Persönlichkeiten wie Gustav Mahler und Sigmund Freud zählten genauso zu den prominenten Gästen wie später Curd Jürgens oder Romy Schneider. Das Landtmann liefert auch heute noch die ehrwürdige Kulisse für Veranstaltungen rund um die Kultur der österreichischen Hauptstadt – und nach wie vor trifft sich hier die Prominenz: vom Burg-Schauspieler über Größen der Musikszene bis hin zu Medienleuten und Politikern.

Café Landtmann

Dr.-Karl-Lueger-Ring 4
1010 Wien
www.landtmann.at

Caffè Greco

Roms kunstvolle Café-Adresse

Im Jahr 1760 gründete ein Grieche das Caffè Greco in der Via Condotti in Rom. Von jeher zeichnete es sich als Treffpunkt der städtischen Künstlerszene als auch der zahlreichen Italienreisenden früherer Jahrhunderte aus. Maler, Literaten, Musiker und Theaterleute fühlten sich von ihm wie magisch angezogen. Hier entstand auch die bedeutende Künstlervereinigung, die später die Basis für die in Venedig organisierte Kunst-Biennale bilden sollte.

Die Räume des Greco atmen Geschichte und zeugen noch heute mit einem umfangreichen Gästebuch und zahlreichen Erinnerungsstücken seiner prominenten Gäste davon, welch wichtiger Bezugspunkt sich hier auch für politisch engagierte Intellektuelle befand.

Als die Franzosen zu Beginn des 19. Jahrhunderts den Handel mit den britischen Kolonien verboten und damit zugleich den Kaffeehandel, be-

raubte man die Lokale der Stadt ihres so modischen Gebräus. Doch im Caffè Greco machte die Not erfinderisch: Den wenigen Kaffee, den man noch hatte, servierte man hier in kleinen Tässchen. So wurde das Greco noch bekannter und aus der Notlösung der Mini-Portion Kaffee entwickelte sich – laut einer Version seiner Entstehungsgeschichte – der heute untrennbar mit italienischer Lebensart verbundene Espresso.

Caffè Greco

Via dei Condotti 86
00187 Roma
www.anticocaffegreco.eu

Café Brasileira

Stilikone in Lissabon

Adriano Telles gründete im Jahre 1905 eine kleine Kaffeerösterei in Lissabon. Schon bald versuchte er durch pfiffige Aktionen den Verkauf dieses in Portugal noch nicht so populären Getränks anzukurbeln. Einmal legte er eine selbst verfasste Zeitung aus und bot den Lesern gratis einen Espresso an. Damit war die Idee zur Gründung des Café Brasileira geboren.

1905 eröffnete im ältesten Viertel Lissabons, dem Chiado, ein Lokal, das sich nach dem Vorbild der großen Wiener und Pariser Kaffeehäuser zum Anziehungspunkt für die Lissabonner Künstler- und Literatenszene etablieren sollte.

Mit verspiegelten Wänden und Kunstwerken der portugiesischen Avantgarde, die heute in den Lissabonner Museen zu bewundern sind, wurde das Café Brasileira zum Flaggschiff der portugiesischen Mo-

derne. Auf seinen Marmortischen schrieb man herzzerreißende Liebesbriefe, skizzierte brandneue Romanideen und tüftelte politische Kampfstrategien aus.

Das Café hat viel erlebt und überlebt: den Aufbruch der Republik 1910, die Repression der 48 Jahre Diktatur, zwei Weltkriege, Wirtschaftskrisen, Kolonialkriege, das Sterben anderer Lissabonner Traditionscafés und den Brand im Chiado im August 1988, dessen Flammen die Brasileira verschonten.

Zum 100. Geburtstag des Cafés erinnerte man sich einer alten Tradition, und lud die Gäste zu einem Espresso ein. Noch immer genießen Touristen sowie Einheimische die Eleganz und Noblesse dieses magischen Ortes.

Café Brasileira

Rua Garrett 120
1200 Lisboa
www.truvo.pt

Café Colombo

Rio: Südamerikas schönstes Café

Confeitaria Colombo

Rua Gonçalves Dias 32
Centro Rio de Janeiro
www.confeitariacolombo.com

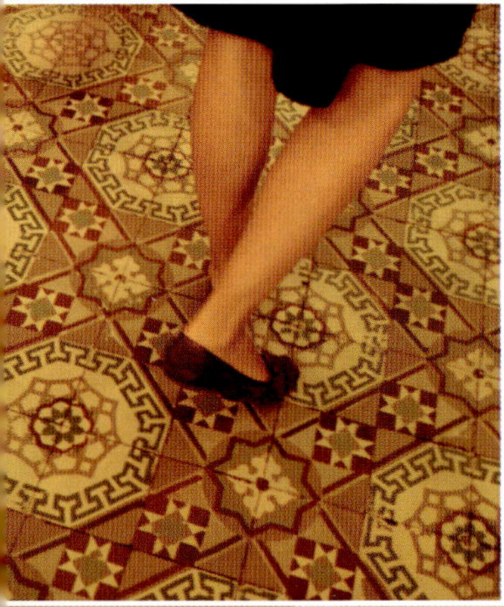

Die High Society Rio de Janeiros soll sich einst im Café Colombo, in der Rua Gonçalves Dias 32, ein Stelldichein gegeben haben. Im Jahr 1874 gründeten zwei Portugiesen das luxuriöse Lokal, das mit seinen belgischen Kristallspiegeln, bunten Glaskuppeln, verzierten Holzstühlen und einzigartigen Bodenfliesen von nun an den europäischen Jugendstil in der südamerikanischen Metropole repräsentierte.

Als Vorbild für das elegante Kaffeehaus galt das Pasteleria Ferrari in Lissabon. Wie in Europa sollen auch in Rio schon bald Künstler und Intellektuelle die Caféadresse als ihren ständigen Aufenthaltsort genannt haben.

Bis heute hat das Café Colombo nichts von seinem Flair eingebüßt und gilt als Kult-Adresse in allen Reiseführern. In diesem Traditionshaus serviert man noch heute Tee, Kaffee und feinste Kuchen im spiegelverkleideten Teesalon. Das Obergeschoss beherbergt den luxuriösen Speiseraum mit Rundbalkon, von dem aus sich herrlich auf das bunte Treiben herabblicken lässt.

Die besten Kaffeerezepte

Mit Alkohol

Vielfältige Rezeptideen

Die große Welt des Kaffees wäre ohne sie ein ganzes Stück ärmer: die vielfältigen Rezepturen für die Kaffeespezialitäten, die rund um den Globus angeboten werden. Viele von ihnen sind schon so alt, dass man sie als Klassiker bezeichnen könnte. Andere setzen sich gerade erst in den Kaffeehäusern durch und dritte wiederum werden gerade erst erfunden. Fast täglich kommen neue Kaffeerezepturen „auf den Markt", kreiert von findigen Köchen oder Kaffeespezialisten.

Viele arbeiten mit Alkohol – die Grenzen zum Cocktail sind dabei im wahrsten Sinne des Wortes fließend. Zum Einsatz kommen hier überwiegend Alkoholika, die auch gerne pur zum Kaffee genossen werden (siehe Seite 138ff). Dazu zählen z.B. Whisky, Cognac oder Rum. Die Rezepte sind Vorschläge, keine Dogmen: Wenn also die Spezialitäten nur mit einer Sorte Alkohol gemischt werden, kann man diesen ruhig einmal durch einen anderen ersetzen, frei nach dem Motto: Im Kaffee schmeckt, was man selbst bevorzugt.

Irish Coffee

Dieser Klassiker soll in den 1940er-Jahren in einem Restaurant des irischen Flughafens Foynes (heute Shannon) erfunden worden sein, wo man ihn anbot, um Reisenden das Warten schmackhafter zu machen. Erst in den 50er-Jahren begann dann in den USA sein Aufstieg zum Kultgetränk.

4 cl Irischer Whisky • 1 Tasse heißer Kaffee • Sahne • 2 Teelöffel brauner Zucker

Whisky mit Zucker in ein Glas geben und mit heißem Kaffee übergießen. Die Sahne nicht ganz steif schlagen und vorsichtig über einen Löffelrücken so in das Glas geben, dass sie sich nicht mit dem Kaffee vermischt. Mit einem Löffel servieren.

Winter Dream

Als gehaltvollen Longdrink kann man diese Mischung bezeichnen, für die der heiße Kaffee zunächst mit Eiswürfeln geshaket und somit abgekühlt wird.

3 cl Whisky • 3 cl Amaretto • 2 kleine Tassen heißer Espresso (8 cl insgesamt) • 1 cl Sahne • Schlagsahne

Alle Zutaten im Shaker kurz mit Eis schütteln und in ein Glas ohne Eiswürfel abseihen. Mit einer Sahnehaube dekorieren und mit einem Strohhalm servieren.

Pharisäer

Geistreiche Friesen erdachten dieses heiße Versteck für ihren geliebten Rum, nachdem der Pfarrer sie wegen ihres zu großen Alkoholkonsums gescholten hatte: Unter einer unschuldigen Sahnehaube versteckte sich ein Kaffee, der es hochprozentig in sich hatte. Doch der Pfarrer entlarvte die ausgefuchsten Friesen und beschimpfte sie als „Pharisäer".

2 cl Rum • 1 TL Zucker • 1 Tasse Kaffee • Schlagsahne

Den Rum mit dem Zucker in eine Kaffeetasse füllen, mit heißem Kaffee aufgießen und umrühren. Großzügig mit Sahne bedecken und durch die Sahne trinken.

Pantheon

Dieser heiße Cocktail erinnert an den Pharisäer, ist allerdings durch den Likör deutlich lieblicher als dieser.

1 cl goldener Rum • 2 cl Kaffeelikör • 2 Teelöffel brauner Zucker • 1 Tasse heißer Kaffee • Schlagsahne

Rum, Likör und Zucker in eine Tasse geben und anschließend mit dem heißen Kaffee auffüllen. Den Hotdrink mit einer Sahnehaube krönen. Wer mag, streut noch etwas Kakaopulver darüber.

Fiaker

Fiaker heißen nicht nur zweispännige Lohnkutschen, sondern auch deren Kutscher. Und weil sich die Fiaker Wiens früher keinen teuren Weinbrand zum Kaffee leisten konnten, versetzten sie stattdessen ihren Mokka mit einem Schuss Rum. So heißt es zumindest in der Legende um eine der berühmtesten Kaffeespezialitäten Österreichs. Heute gibt man alternativ zum Rum manchmal auch Kirschwasser und häufig auch Sahne hinzu. Stilecht trinkt man den Fiaker aus einem Henkelglas.

1 Glas schwarzer Mokka • 2 cl Rum • Schlagsahne nach Geschmack

Den Rum in ein Glas Mokka geben und den Fiaker nach Geschmack mit einer Sahnehaube servieren.

Mexicana

Karibisches Geschmacks-Feeling garantiert dieser Kaffee, der es gleich doppelt in sich hat.

2 cl weißer Tequila • 1 cl weißer Rum• 2 Teelöffel brauner Zucker • 1 Tasse heißer Kaffee • Schlagsahne

Alle Zutaten – mit Ausnahme des heißen Kaffees – direkt in eine Tasse geben. Anschließend den Kaffee hinzugeben. Den Drink mit einer Sahnehaube dekorieren und mit einem Löffel servieren.

Kaisermelange

Im Gegensatz zur klassischen Melange sorgt hier nicht Milch, sondern ein Eigelb für die goldbraune Farbe des Kaffees. Man trinkt die Spezialität aus einer großen Melange-Schale.

Ein gestreckter Mokka (Espresso mit Wasser in großer Tasse aufgefüllt) • 1 Eigelb • 2 TL Honig • optional: Weinbrand

Das Eigelb mit dem Honig in eine Melange-Schale geben und gut miteinander verrühren. Dann unter Rühren den Kaffee zugießen. Nach Geschmack mit einem Schuss Weinbrand verfeinern.

Mittsommer-Kaffee

Nicht ausschließlich für Nachmittage ist dieser Cocktail, in dem das Hauptaroma Kakao eine Kaffeenuance durch ein wenig Likör erhält.

1 Tasse kalter Kakao • 2 cl Kaffeelikör • 2 cl Apricot Brandy

Alle Zutaten im Shaker mit Eis schütteln und in ein Glas mit 1 bis 2 Eiswürfeln abseihen. Diesen Cocktail serviert man ohne Dekoration, nur mit einem Strohhalm.

Kafi Luz

Diese Spezialität stammt aus dem schweizerischen Luzern und ähnelt dem italienischen Corretto – ein Kaffee wird mit Schnaps versetzt. Allerdings soll beim Kafi Luz der Kaffee so dünn wie Tee aussehen, sodass man die Zeitung noch hindurch lesen kann. Mancherorts wird die Spezialität auch Kafi Träsch genannt; Träsch ist Branntwein hauptsächlich aus Apfeltrester.

1 Tasse dünnen Kaffee • 4 cl Obstler

Eine Tasse dünnen Kaffee zubereiten und mit dem Obstler aufgießen.

Corretto

Charmant und harmlos sprechen Italiener von einem corretto, also von einem korrigierten Kaffee – wenn sie ein Tässchen Espresso mit

einem Schnäpschen versehen. Die einen kippen dabei den „Kurzen“ direkt in den Caffè, andere trinken erst den Espresso und „spülen“ die Tasse direkt im Anschluss mit etwas Hochprozentigem aus.

1 einfacher Espresso • 1 cl Branntwein oder Likör nach Geschmack (z.B. Grappa, Weinbrand, Sambuca)

Den Espresso frisch zubereiten und dann mit einem Schuss Hochprozentigem nach eigenem Geschmack genießen.

Café Amor

Dieser würzige und heiße Drink erwärmt mit feurigem Schuss das Herz. Wer's gern richtig scharf mag, probiert diesen Cocktail mit einer Prise Chili statt Kardamom.

3 cl Cognac • 1 Esslöffel Zucker • 1/2 Teelöffel Zimt • 1 Teelöffel geraspelte Zitronenschale • 1/2 Teelöffel Kardamom • 1 Tasse starker Kaffee • 1 Schuss gesüßte Kondensmilch • dunkle Schokosplitter

Den Cognac mit Zucker, Zimt und Zitronenschale sowie einer Prise Kardamom erhitzen und in das Servierglas geben. Eine Tasse starken Kaffee aufgießen und den Drink flambieren. Schließlich einen Schuss gesüßte Kondensmilch hinzugeben. Mit etwas Milchschaum oder leicht geschlagener Sahne krönen und dunklen Schoko-Splittern garnieren.

Frenchman

Als Bruder des Irish Coffee könnte man den Frenchman bezeichnen, der landestypisch mit Cognac zubereitet wird.

3 cl Cognac • 2 weiße Zuckerwürfel • 1 Tasse heißer Kaffee • Schlagsahne • 1 Messerspitze Zimt

Den Cognac mit dem Zucker in eine Tasse geben. Anschließend den heißen Kaffee hinzugeben und umrühren. Den Drink nach Belieben mit einer Sahnehaube dekorieren, den Zimt darüber streuen und mit einem Löffel servieren.

Rüdesheimer

Ein Kaffeecocktail mit Showeffekt: So präsentiert sich diese feurige Spezialität, bei der hochprozentiger Weinbrand wirkungsvoll

flambiert wird. Sie kommt aus dem kleinen Städtchen Rüdesheim am Rhein, von wo auch der Weinbrand stammt, mit dem dieser Cocktail erfunden wurde. Er wird in einem hohen Becher serviert.

4 cl Weinbrand • 3 Stück Würfelzucker • 200 ml heißer Kaffee • Schlagsahne • Vanillezucker • Schokoladenspäne • langes Zündholz

Den Weinbrand in einem heißen Wasserbad erhitzen. Alternativ kann man ihn auch in einer Mikrowelle erwärmen. Die Würfelzuckerstücke in einen großen Kaffeebecher legen. Den erhitzten Weinbrand darüber gießen und mit einem langen Streichholz anzünden. Den Zucker mit einem langen Löffel umrühren, damit er sich auflöst. Den Zucker dabei etwa 1 Minute weiter brennen lassen. Dann mit heißem Kaffee bis etwa 2 cm unter den Becherrand auffüllen. Die Schlagsahne mit Vanillezucker süßen und auf den Kaffee geben. Zum Abschluss mit Schokoladenspänen garnieren.

Fire

Feurig-würzig ist dieser Drink im wahrsten Sinne des Wortes – denn erst durch das Flambieren einer Zimtstange entfaltet er seinen besonderen Charakter. Ein heißes und wärmendes Vergnügen an kalten Wintertagen.

4 cl Cognac • 1 cl Orangensaft • 1 cl Limettensaft • 2 weiße Würfelzucker • 1 Tasse heißer Kaffee • 1 Zimtstange

Ein Stück Würfelzucker mit frischem Orangensaft tränken, das andere mit frischem Limettensaft. Beide Zuckerstückchen in ein Glas geben und die Hälfte des Cognacs (2 cl) hinzufügen. Eine Zimtstange mit dem restlichen Cognac beträufeln und ebenfalls in das Glas geben. Nun die Zimtstange anzünden. Danach wird das Glas mit heißem Kaffee aufgefüllt, der dabei die Flamme löscht. Man kann den Drink mit einer Orangenscheibe dekorieren; serviert wird er ohne Strohhalm.

Heiße Liebe

Ein Caffè Corretto mit Topping ist dieser Mini-Cocktail, der mit einem aromatisierten Grappa, wie zum Beispiel Himbeergrappa, eine etwas ausgefallene Note erhält.

• 1 Espresso • 1 Schuss Himbeergrappa • Schokosahne oder Milchschaum

Einen Espresso frisch zubereiten und einen Schuss Grappa zugeben. Je nach Gusto mit einem Häubchen Schokosahne oder Milchschaum toppen und in kleinen Gläsern servieren.

Café Caen

Nach der größten Stadt im Departement Calvados in der Normandie wurde dieser Drink benannt, in dem der Apfelbrannt natürlich nicht fehlen darf. Echter Calvados muss aus dieser Gegend in Nordfrankreich stammen und wird aus Cidre, also aus vergorenem Apfelmost, destilliert.

3 cl Calvados • 1 cl Grand Marnier • 2 Teelöffel weißer Zucker • 1 Tasse heißer Kaffee • Schlagsahne

Alle Zutaten – mit Ausnahme des heißen Kaffees – direkt in eine Tasse geben. Abschließend den heißen Kaffee hinzugeben. Mit einer Sahnehaube dekorieren und mit einem Löffel servieren.

Maria Theresia-Kaffee

Diese österreichische Spezialität besteht aus einem mit Orangenlikör verlängerten Schwarzen – das ist ein mit Wasser verlängerter Espresso beziehungsweise Mokka – der mit einer Sahnehaube gekrönt wird.

2 cl Orangenlikör • 1 Tasse heißer verlängerter Espresso (doppelte Menge Wasser) • Schlagsahne • Zucker nach Belieben

Den Orangenlikör in ein Kaffeeglas geben und mit dem verlängerten Schwarzen auffüllen. Nach Geschmack zuckern und eine Sahnehaube daraufsetzen.

Forever Love

Hier wird ein Latte Macchiato um eine weitere Schicht, nämlich aus Eierlikör – bereichert.

1 einfacher Espresso • 5 cl Eierlikör • 300 ml Milch

Latte Macchiato zubereiten (siehe Seite 241) und den Eierlikör vorsichtig über die Rückseite eines Löffels ins Glas laufen lassen.

Pucci

Zartes Mandelaroma vermischt sich mit einer pikanten Rumnote und Espresso zu einem charakterstarken Drink.

2 cl Amaretto • 1 cl goldener Rum • 1 Tasse heißer Espresso • 2 Teelöffel brauner Zucker

Amaretto, Rum und Zucker in eine Tasse geben. Anschließend den heißen Espresso hinzugeben. Den Drink mit einer Sahnehaube dekorieren und mit einem Löffel servieren.

Brombeertraum

Diesen cremigen Cocktail kann man trinken oder löffeln – besonders dekorativ serviert man ihn in einer Sektschale oder einem anderen attraktiven Glas.

3 Kugeln Vanilleeis • 1 Tasse Kaffee • 5 cl Brombeerlikör • Sahne oder Milchschaum

Vanilleeis mit Brombeerlikör im Mixer mixen, in ein Glas geben und mit Kaffee auffüllen. Mit Sahne oder geschäumter Milch aufgießen und mit einem Schuss Likör garnieren.

Eiscafé Mazagran

Heiß und kalt, süß und feurig: Bei diesem Eiskaffee trifft heißer Kaffee auf kalte Eiswürfel, und Zucker auf feurigen Alkohol. Für ein würziges Etwas sorgt ein Spritzer Angostura, den man nach Geschmack noch hinzugeben kann. Serviert wird der Mazagran in einem Longdrinkglas.

1 Tasse heißer Kaffee • ca. 10 Eiswürfel • 1 cl Maraschino • ein Spritzer Zuckersirup

Das Glas mit Eiswürfeln füllen. Den heißen Kaffee darübergießen. Den Maraschino zugeben und nach Geschmack auch einen Spritzer Zuckersirup. Mit Trinkhalm servieren.

Mystique of Cacao

Wie der Name schon andeutet, spielt Kaffee in diesem Drink nur eine Nebenrolle, gibt dem ganzen aber das gewisse Etwas.

2 cl Kakaolikör braun • 2 cl Kaffeelikör • 1 Tasse kalter Kakao • 2 cl Sahne

Alle Zutaten im Shaker mit Eis schütteln und in ein Glas mit 1 bis 2 Eiswürfeln abseihen. Den Drink ohne Dekoration, aber mit einem Strohhalm servieren.

Cool Boy

Einen herb-süßen Genuss garantiert dieser Cocktail, der nicht nur Männern schmeckt.

200 ml Crushed Ice • 2 cl Cognac • 2 cl Kaffeelikör • 1 TL Zucker • 1 Tasse kalter Kaffee

Das Crushed Ice in einen Shaker geben, Cognac, Kaffeelikör und Zucker hinzufügen. Das Ganze gut mixen und in ein Martiniglas abseihen. Mit kaltem Kaffee auffüllen und servieren.

Afternoon

Nicht ausschließlich für Nachmittage ist dieser Cocktail, in dem das Hauptaroma Kakao eine Kaffeenuance durch ein wenig Likör erhält.

1 Tasse kalter Kakao • 2 cl Kaffeelikör • 2 cl Apricot Brandy

Alle Zutaten im Shaker mit Eis schütteln und in ein Glas mit 1 bis 2 Eiswürfeln abseihen. Diesen Cocktail serviert man ohne Dekoration, nur mit einem Strohhalm.

Proud Bride

Diese süße Versuchung bekommt durch den Zitronenhauch des Zuckerrands eine dezente, frisch-fruchtige Nuance.

Etwas Zitronensaft • Zucker • 4 cl starken Kaffee • 2 cl Cointreau • $1^1/_2$ cl Sahne • 1 Kugel Vanilleeis • Schokostreusel

Für den dekorativen Zuckerrand zunächst etwas Zucker auf einen kleinen Teller streuen. Den Rand vom Cocktailglas nun erst mit etwas Zitronensaft befeuchten und dann in Zucker tauchen. Kaffee, Cointreau und Sahne im Shaker mixen. Die Kugel Vanilleeis in ein Cocktailglas geben und die Zutaten aus dem Shaker darüber gießen. Mit Schokostreuseln dekorieren.

Brasilia

Eine ungewöhnliche Kombination, die frische Power gibt, charakterisiert diesen Cocktail, in dem Kaffee auf Lemon Juice und Rum trifft.

4 cl weißer Rum • 1 Tasse kalter Kaffee • 2 cl Sahne • 1 cl Lemon Juice • 2 Teelöffel brauner Zucker

Alle Zutaten im Shaker mit Eis schütteln und in ein Glas mit 1 bis 2 Eiswürfeln abseihen. Den Drink lediglich mit einem Löffel servieren.

Summerdream

Dieser Drink ist schon fast ein Dessert, und erfrischt mit seinem fruchtigen Orangenaroma nicht nur an heißen Sommertagen.

1/4 l gekühlten Kaffee • 2 Kugeln Vanilleeis • 2 Esslöffel Sahne • 1/2 Päckchen Vanillezucker • 2 cl Orangenlikör • 2 cl Orangensaft • 8 cl Baileys • 1 cl Haselnuss-Sirup

Das Vanilleeis in ein großes Glas geben. Orangenlikör, Orangensaft, Sahne und den Vanillezucker hinzugeben. Den gekühlten Kaffee und den Baileys hinzugeben. Nach Belieben mit Haselnuss-Sirup verfeinern.

Ohne Alkohol

Einspänner

In einer Hand das Kaffeeglas, in der anderen Hand den Zügel des Einspänners, also einer einfachen Botenkutsche. So warteten die Kutscher früher häufig vor den Wiener Kaffeehäusern auf Kundschaft. Eine dicke Sahneschicht schützte den Kaffee im Winter dabei vor dem zu schnellen Abkühlen – der Kaffee wurde durch die Sahne getrunken. Den Einspänner serviert man heute wie früher praktischerweise in einem Henkelglas, da man es gut mit einer Hand halten kann.

Ein großer Schwarzer (doppelter Espresso) • viel Schlagsahne • Puderzucker aus dem Streuer

Einen doppelten Espresso in einem Henkelglas zubereiten und mit einer dicken Schicht Sahne versehen.

Café au Lait

Dieser traditionelle französische Morgenkaffee wird aus einem Bol getrunken, einer großen Schale, die wärmend in den Händen ruht. Im Gegensatz zur italienischen Cappuccino-Variante wird hier die Milch so gut wie gar nicht aufgeschäumt. Je nach persönlicher Vorliebe variieren die Mengenverhältnisse von Kaffee und Milch.

1 einfacher oder doppelter Espresso (nach Geschmack) • heiße Milch • Zucker nach Geschmack

Den frisch gebrühten Kaffee mit der heißen Milch in einer großen Schale vermischen und nach Geschmack süßen.

Cappuccino

Echten Italienern schmeckt diese Kaffeespezialität nur morgens zum Frühstück. Die perfekte Milchschaumhaube eines Cappuccinos sollte so fest sein, dass der Zucker wie eine Insel nur langsam in ihr versinkt. Mancherorts wird der Milchschaum auch mit einem Hauch Zimt- oder Kakaopulver bestäubt.

1 Espresso • heiße geschäumte Milch • Zucker nach Belieben

Den Espresso frisch in eine größere Tasse brühen. Von der aufgeschäumten heißen Milch etwas zum Kaffee gießen, die Tasse aber nicht ganz füllen. Dann mit einem Löffel viel Milchschaum auf den Kaffee löffeln. Nach Belieben etwas Kakao- oder Zimtpulver darüber streuen und nach Geschmack zuckern.

Choccanella

Schokolade und Zimt geben in diesem Drink den Grundton an. Eine besondere Note erhält er durch die – am besten frisch geriebene – Muskatnuss.

2 cl Kakaopulver (schwach entölt) • 1 Messerspitze Zimt • 1 Prise Muskatnuss • 1 Espresso • aufgeschäumte Milch • 100 ml Milch

Das Kakaopulver in eine Tasse geben. Etwas Zimt, einen Hauch Muskatnuss und einen Espresso hinzugeben. Das Ganze mit Milch und Milchschaum auffüllen.

Latte Macchiato

In dieser Mischung spielt aufgeschäumte Milch die Hauptrolle – sie wird lediglich mit etwas Kaffee „befleckt“. Denn das italienische Wörtchen macchiato heißt soviel wie fleckig oder gefleckt. Ein perfekter Latte Macchiato wird stilecht in einem dickwandigen Glas serviert und ist in mehreren Schichten aufgebaut.

300 ml Milch • 1 einfacher Espresso

Die Milch gut aufschäumen und anschließend in ein hohes Glas geben. Warten, bis sich Milch und Schaum etwas abgesetzt haben. Den Espresso zubereiten. Den heißen Kaffee sofort vorsichtig am Rand entlang kreisförmig in das Glas gießen. Alternativ kann man ihn auch langsam über einen Löffelrücken ins Glas laufen lassen. Entscheidend ist das langsame Eingießen, damit der Kaffee am Schaum vorbei läuft , aber auf der Milchschicht zu „liegen“ kommt.

Mandel-Latte Macchiato

Dieser Mandel-Latte Macchiato kann für Kinder einfach ohne Kaffee nur mit der Mandelmischung und viel aufgeschäumter Milch zubereitet werden.

200 ml geschäumte Milch • 1/2 TL brauner Zucker • 1 cl Mandelsirup • 1 Espresso • 1 gestrichener Teelöffel zerkleinerte Mandeln

Den Zucker, zerkleinerte Mandeln, Mandelsirup und den Espresso miteinander vermischen. Die Milch aufschäumen und in ein Glas füllen. Nun vorsichtig die Mandel-Kaffee-Mischung über den Rücken eines Löffels in das Glas fließen lassen.

Flavoured Coffee

Aus den USA kommt die Sitte, Kaffee in unterschiedlichsten Geschmacksrichtungen zu aromatisieren. Von Nuss- und Karamell- über Mandel- und Schokoladen- bis hin zu Frucht- und Gewürzgeschmack reicht die bunte Palette der süßen Sirups, die man dem Kaffee zusetzen kann.

1 Espresso • 1 Schuss Aromasirup • nach Geschmack heiße Milch

Den Espresso mit Aromasirup verrühren und mit beliebig viel heißer Milch aufgießen.

Coconut

Einen Hauch Karibik schmeckt man in diesem heißen Kaffee, der mit Kokossirup zugleich auch gesüßt wird.

2 cl Kokossirup • 1 Tasse heißer Kaffee • 2 cl Milch • Sahne nach Geschmack

Den Kokossirup und die Milch in eine Tasse geben und mit dem heißen Kaffee aufgießen. Wer mag, dekoriert den Drink mit einer Sahnehaube.

Kokos-Kaffee

Dieser Drink ist nicht nur heiß köstlich, sondern schmeckt auch eiskalt sehr gut. Wenn man die Kokosflocken in einer Pfanne ohne Fett leicht anröstet, entfalten sie ihr Aroma besonders intensiv.

1 Tasse heißer, starker Kaffee • 1 TL Kokosnusscreme (aus der Dose) • etwas Schlagsahne • 1 TL Kokosflocken

Die Kokoscreme in den heißen Kaffee rühren, geschlagene Sahne darauf geben und mit Kokosflocken bestreuen.

Grüne Überraschung

Dieser kleine Muntermacher sieht mit dem grünen Sirup auf dem Glasgrund witzig aus und sollte in einem Schluck genossen werden.

Crushed Ice • 2 cl Pfefferminzsirup • 1 Espresso

Das gestoßene Eis in ein Glas geben, Pfefferminzsirup hinzugeben und mit Espresso auffüllen.

Eiskaffee

Cremig-sahnigen, kühlen Kaffeegenuss verspricht der Eiskaffee, der im Sommer in deutschen Cafés angeboten wird. Stilecht wird er in einem hohen Glas mit langstieligem Löffel und Trinkhalm serviert. Fans von Eiskaffee bewahren an heißen Tagen für die Zubereitung von Eiskaffee einfach den beim Frühstück übrig gebliebenen Filterkaffee im Kühlschrank auf.

2 Kugeln Vanilleeis • 1 Tasse kalter Filterkaffee • Schlagsahne • Schokostreusel oder geraspelte Schokoladenspäne

Das Vanilleeis in ein hohes Glas geben und dieses mit dem gut gekühlten Kaffee aufgießen. Eine Portion Schlagsahne aufspritzen und nach Belieben mit Schokoladenspänen bestreuen. Den Eiskaffee stilecht in ein hohes Glas füllen und mit einem langen Löffel sowie Trinkhalm servieren.

Mokka-Shake

Dieser Mokka-Shake lässt sich einfach variieren, indem man die Eissorte austauscht: Schokoladeneis betont das Kakaoaroma, Mokkaeis den Kaffeegeschmack. Aber auch andere Sorten wie Nuss oder Amaretto harmonieren gut mit diesem Drink.

1 abgekühlter doppelter Espresso • 2 EL Schokoladensauce • 150 ml Milch • 1 Kugel Eis (Schokolade oder Mokka)

Die Schokoladensauce in den Espresso rühren und mit Milch aufgießen. Eine Kugel Eis vorsichtig hineingeben und mit Schlagsahne dekorieren.

Bananachino-Shake

Eine kleine fruchtige Zwischenmahlzeit für Schleckermäuler ist dieser Bananenshake. Am besten bereitet man ihn mit einer Küchenmaschine zu. Alternativ kann man einen hohen Rührbecher und einen Mixstab verwenden, denn dieser Shake schmeckt besonders gut, wenn er schön schaumig ist.

1/2 Banane • 1 Spritzer Zitronensaft • 1 TL Vanillezucker • 1 EL Cappuccinopulver • 200 ml eiskalte Milch • 1 Kugel Vanilleeis • etwas Schlagsahne • 1 EL Mandelstifte

Die Banane mit Zitronensaft zerdrücken oder in einer Küchenmaschine zerkleinern. In den Mixbecher füllen und mit Milch aufgießen. Den Vanillezucker und das Cappuccinopulver hinzugeben und die Zutaten kräftig aufmixen. Den Shake dann in ein hohes Glas füllen, mit Sahne toppen und zum Abschluss die Mandelstifte darüberstreuen. Mit einem langstieligen Löffel und einem Trinkhalm servieren.

Kochen mit Kaffee

Vielseitiger Genuss

Kuchen und Desserts mit Kaffee

Für wahre Kaffeefreunde vergeht kaum ein Tag ohne Kaffeegenuss. Die meisten Fans nehmen ihren Kaffee allerdings – wenn auch in unterschiedlichsten Varianten – in der Regel nur in flüssiger Form zu sich. Das feine Aroma von Kaffee in seinen vielen Facetten – von zartem Milchkaffeegeschmack bis hin zu kräftigem Espressoaroma – kann aber ebenso gut Kuchen, Plätzchen oder Desserts auf köstlichste Weise bereichern.

Hart gesottene Kaffeefans würzen zwar selbst Fleisch oder andere herzhafte Gerichte mit den braunen Bohnen – die folgenden Rezepte beschränken sich jedoch auf das, was den meisten am liebsten ist, nämlich verschiedenste süße Naschereien mit Kaffeearoma in delikate Schlemmereien zu verwandeln. Und hierzu braucht man an Kaffee meistens gar nicht

viel: In der Regel reichen wenige Gramm frisch gemahlener Bohnen, wenige Löffel löslichen oder auch kleine Mengen gekochten Kaffees aus, um einer Süßspeise eine würzige Kaffeenote zu verleihen. Für eine milde Note eignen sich Fertigprodukte wie Cappuccino- oder Latte Macchiato-Pulver ausgezeichnet, da sich hier der Kaffee bereits „verlängert“ mit Milch – und meist auch mit Zucker – präsentiert. Ist der Zucker hier schon enthalten, kann die Menge im Rezept um 10 bis 20 Prozent verringert werden.

Für stärkeres Aroma empfiehlt sich „reiner“ Kaffee, praktisch sind vor allem lösliche, gefriergetrocknete Sorten. Auch hier wirkt sich natürlich ein milder Kaffee geschmacklich anders aus als lösliches Espressopulver. Und selbst Kaffeebohnen können einem Gericht das gewisse Extra geben: Ob in grobe Stücke gehackt in knusprigen Kaffee-Crossies oder als fein aufgestreute Dekoration zum Beispiel auf Muffins mit Karamell.

Generell lässt sich die Stärke des Kaffeegeschmacks individuell natürlich ganz leicht durch entsprechende Abänderung der Mengen variieren. Berücksichtigen sollte man übrigens immer, dass auch in einer mit Kaffee zubereiteten Speise das enthaltene Koffein seine Wirkung entfaltet. Eine große Portion Espressocreme am Abend kann also in zweierlei Hinsicht eine aufregende Sache sein. Doch auch beim Kochen und Backen mit Kaffee kann man natürlich koffeinfreie Sorten verwenden.

Kaffee zeigt sich im Zusammenspiel mit anderen Zutaten geschmacklich sehr wandelbar, ob mit Gewürzen wie Zimt oder Kardamom, mit Nüssen oder Karamell und besonders auch mit Schokolade. Früchte und Kaffee sind eher schwierige Koalitionäre, am ehesten passen neben Bananen auch dunkelrote Früchte wie Preiselbeeren oder Kirschen zur Würze des Kaffees. Besonders gut hingegen ergänzen Alkoholika wie Whisky, Rum oder Weinbrand sowie verschiedene Liköre auf Nuss-, Schokoladen- oder natürlich auf Kaffeebasis das Kaffeearoma. Als Faustregel könnte man sagen, dass Zutaten in natürlichen Brauntönen immer besser zu Kaffee passen, als solche in bunten Farben.

Auch zum Dekorieren von Kaffee-Süßspeisen bieten sich vielfältige Möglichkeiten: Vom Kakaopulver, das mit Hilfe einer Schablone aufgestäubt schon optisch den Cappuccino in einer Torte erahnen lässt, über Mokkabohnen aus entsprechend aromatisierter Schokolade bis hin zu echten Kaffeebohnen, die den gedeckten Tisch dekorieren.

Cappuccino-Torte

ZUTATEN für den Boden: 4 Eier • 150 g Zucker • 150 g gemahlene Mandeln • 50 g Mehl • 1/2 Päckchen Backpulver • 50 g dunkle Schokolade

Für die Füllung: 50 g dunkle Schokolade • 1/2 Glas Wildpreiselbeeren • 500 ml Sahne • 2 Päckchen Vanillezucker • 2 Päckchen Sahnesteif • 5 EL Instant-Cappuccinopulver

Eier trennen, Eigelb mit Zucker schaumig rühren.

Mandeln, Mehl und Backpulver vermischen und unter die Eiercreme rühren.

Die ganze Menge Schokolade in kleine Stückchen schneiden oder raspeln und die Hälfte davon in den Teig rühren.

Eiweiß steif schlagen und unter den Teig heben.

Teig in eine mit Backpapier ausgelegte Springform füllen und bei 180 °C (Umluft) 30 bis 40 Minuten backen. Anschließend das Papier abziehen und den Kuchen auf einem Gitter auskühlen lassen.

Vor dem Füllen vom Kuchen den oberen gewölbten „Deckel" abschneiden und für die Dekoration zerkrümeln. Den übrigen Boden einmal waagerecht durchschneiden.

Einen Boden dünn mit Preiselbeeren bestreichen.

Vanillezucker und Sahnesteif vermischen, die Sahne steif schlagen und das Zuckergemisch dabei einrieseln lassen. Zum Schluss das Cappuccino-Pulver unterrühren.

Einige Löffel Creme auf den Preiselbeer-Boden streichen, dann den zweiten Boden aufsetzen und die restliche Creme auf Boden und Rand verstreichen. Die Kuchenkrümel als oberste Schicht auf der Torte verteilen und abschließend Schokoladenstückchen aufstreuen und etwas Puderzucker darüber sieben.

Kaffee-Whisky-Torte

ZUTATEN für den Boden: 100 g zimmerwarme Butter • 1 Ei • 3 EL Zucker • 1 Päckchen Vanillezucker • 150 g Mehl • 100 g Nüsse • 1/2 TL Backpulver

Für die Füllung: 6 Blatt Gelatine • 2 Eigelb • 2 EL heißes Wasser • 125 g Zucker • Mark 1/2 Vanilleschote • 125 ml abgekühlter Espresso • 1/2 Tasse Whisky • 300 ml Sahne • Mokkaschokoladenbohnen zur Deko

Für den Tortenboden die Butter mit dem Ei, Zucker und Vanillezucker schaumig rühren. Mehl, Backpulver und Nüsse mischen und unter die Buttermasse rühren. In eine gefettete Springform füllen und 15–20 Minuten bei 180 °C (Heißluft) auf der 2. Schiene backen.

Die Gelatine in kaltem Wasser einweichen.

Eigelb mit heißem Wasser aufschlagen, nach und nach den Zucker und das aus der Schote geschabte Vanillemark hinzugeben.

Die Gelatine ausdrücken und bei milder Hitze in einem kleinen Topf auflösen. Einige Esslöffel Espresso dazugeben und verrühren.

Den restlichen Espresso sowie den Whisky mit dem Schneebesen unter die Eiercreme rühren, dann die Gelatine sorgfältig unterrühren. Die Masse in den Kühlschrank stellen und ca. 30 Minuten angelieren.

In der Zwischenzeit die Sahne steif schlagen und unter die leicht gelierte Creme heben.

Den Rand der Springform mit Pergamentpapier auskleiden, die Creme auf den Boden geben und glatt streichen. Für mindestens 6 Stunden in den Kühlschrank stellen und fest werden lassen. Anschließend mit Mokkaschokoladenbohnen verzieren.

Latte-Macchiato-Torte

ZUTATEN für den Rührteig: 100 g Butter oder Margarine • 100 g Zucker • 1 Päckchen Vanillezucker • 1 Prise Salz • 2 Eier • 150 g Mehl • 2 gestr. TL Backpulver

Für die Creme: 2 x 500 g Vollmilch Joghurt • 125 g Zucker • 1 Päckchen Vanillezucker • 3 Becher Sahne • Instant-Gelatine (entsprechend 12 Blatt) • 4 EL löslicher Kaffee

Boden: Fett, Zucker, Vanillezucker und Salz schaumig schlagen. Eier einzeln einrühren. Mehl mit Backpulver mischen und unterrühren. Den Teig in eine gefettete Springform geben und bei 175 °C ca. 30 Min. backen. Abkühlen lassen.

Für die Joghurt-Creme 500 g Joghurt mit 3 Beuteln Instant-Gelatine verrühren. 2 Becher Sahne mit Vanillezucker steif schlagen. Mit 75 g des Zuckers unter den Joghurt rühren.

Um den Boden einen Tortenring schließen, 2/3 der Creme auf den Boden geben und ca. 30 Min. kalt stellen, z.B. im Kühlschrank. Die restliche Creme bei Zimmertemperatur stehen lassen.

Für die Kaffee-Creme 500 g Joghurt mit der restlichen Gelatine verrühren. Löslichen Kaffee und Zucker unterrühren, zum Schluss einen Becher steif geschlagene Sahne unterheben. Masse auf die helle Creme geben und ca. 15 Min. kalt stellen.

Die restliche Joghurtcreme durchrühren und vorsichtig auf die Torte streichen. Über Nacht kalt stellen. Vor dem Servieren mithilfe einer Schablone Herzen aus Kakao darüberstäuben.

Mokka-Kranz

ZUTATEN für den Biskuitboden: 175 g Butter • 175 g Zucker • 5 Eier • 175 g dunkle Schokolade • 175 g Mehl • 1 TL Backpulver • 50 g gemahlene Mandeln

Für die Creme: 250 g Butter • 250 g Puderzucker • 2 Eigelb • 1/2 TL geriebene Orangenschale • 1 1/2 EL lösliches Kaffeepulver • 1 Tasse süße Orangenmarmelade • 70 g Krokant

Für den Biskuit die Schokolade in kleine Stücke schneiden und auf einem heißen Wasserbad schmelzen.

Eier trennen. Eiweiß steif schlagen und kalt stellen.

Butter und Zucker schaumig rühren, Eigelb nach und nach dazugeben. Die nicht mehr heiße, flüssige Schokolade hineinrühren.

Mehl und Backpulver mischen, auf den Teig sieben und mit den Mandeln unterrühren. Zum Schluss den Eischnee unterheben.

Den Teig in eine gefettete, mit Mehl bestäubte Springform füllen und ca. 40 Minuten bei 170 °C backen.

Für die Creme Butter, Zucker und Eigelb schaumig rühren. Abgeriebene Orangenschale und das Kaffeepulver untermischen.

Den Biskuit zweimal durchschneiden. Die Marmelade

etwas erwärmen und auf den unteren Boden streichen. Anschließend etwa ein Drittel der Buttercreme aufstreichen, Kranz zusammensetzen und mit restlicher Creme bestreichen. Mit Krokant garnieren.

Schokokuchen mit Schuss

ZUTATEN: 6 Eier • 1 Prise Salz • 150 g Zucker • 150 g dunkle Mokkaschokolade • 150 g zimmerwarme Butter • 100 ml Kaffeelikör • Puderzucker zum Bestäuben

Eier trennen. Die Eiweiße mit 1 Prise Salz sehr steif schlagen. In den Kühlschrank stellen.

Schokolade in kleine Stücke schneiden und in eine Metallschüssel geben. Butter in Flocken dazugeben und beides langsam im Wasserbad schmelzen. Zwischendurch umrühren. Den Topf vom Herd ziehen und die Masse etwas abkühlen lassen.

Eigelb aufschlagen, nach und nach den Zucker einrieseln lassen und so lange schlagen, bis eine dick-cremige Masse entstanden ist.

Die etwas abgekühlte flüssige Schokolade langsam zur Eigelbmasse geben und vorsichtig miteinander vermischen. Zuletzt den Eischnee unterheben.

Eine Springform mit Backpapier auslegen, den Teig einfüllen und bei 180 °C etwa 35 Minuten backen.

Nach dem Backen den Kuchen auf ein Kuchengitter legen und mit einer Gabel mehrfach in die Oberfläche stechen. Nun den Kuchen mit dem Kaffeelikör tränken. Nach dem Abkühlen mit Puderzucker bestäuben.

Karamell-Muffins

ZUTATEN: 100 g weiche Karamellbonbons • 200 g Crème Fraîche • 2 EL Kaffeepulver • 3 EL heißes Wasser • 100 g brauner Zucker • 2 Eier • 200 g Mehl • 2 geh. TL Backpulver • 100 g gemahlene Mandeln • ca. 4 EL Karamellsauce • Puderzucker zum Bestäuben • 1 EL Kaffeebohnen

Die Karamellbonbons in kleine Stückchen schneiden und beiseite stellen. Das Muffinblech dünn einfetten und mit Mehl ausstäuben. Den Backofen auf 180 °C (160 °C Umluft) vorheizen.

Schmand mit Zucker verquirlen; Kaffeepulver in heißem Wasser auflösen und unterrühren, anschließend die Eier untermixen.

Mehl und Backpulver mischen und zügig unter den Teig rühren. Die Karamellstückchen mit den Mandeln vermischen und ebenfalls unterrühren.

Die Muffinformen mit der Hälfte des Teigs füllen. In die Mitte jeweils mit einem Teelöffel eine Vertiefung drücken und etwa einen halben Teelöffel Karamellsauce hineinträufeln. Mit dem restlichen Teig verschließen. Die Muffins auf der mittleren Schiene ca. 20–25 Minuten backen. Anschließend 5 Minuten ruhen lassen, erst dann aus dem Blech nehmen und abkühlen lassen.

Die Kaffeebohnen in einem Mörser grob zerstoßen, die Muffins damit bestreuen, Puderzucker darüber sieben.

Mokka-Kekse

ZUTATEN für ca. 40 Stück: 50 g weiche Butter • 100 g Zucker • 1/2 Päckchen Vanillezucker • 1 Prise Zimt • 1 Ei • 3 EL Schmand oder Crème Fraîche • 250 g Mehl • 1 Msp. Backpulver • 200 g Puderzucker • ca. 2 EL kalter Espresso •1 EL Whisky • ca. 40 Schokoladen-Mokkabohnen

Die Butter schaumig rühren, nach und nach Zucker, Vanillezucker und Zimt zufügen. Den Schmand und das Ei dazugeben und gut verquirlen.

Mehl und Backpulver unterrühren und den Teig zu einer Kugel kneten.

Den Teig auf einer dünn bemehlten Arbeitsfläche etwa 3 mm dick ausrollen und mit beliebigen Ausstechförmchen Plätzchen ausstechen.

Die Plätzchen auf mit Backpapier ausgelegte Backbleche legen und etwa 10–12 Minuten bei 175 °C backen.

Aus dem Ofen nehmen und abkühlen lassen.

Puderzucker mit Espresso und Whisky zu einer glatten Paste verrühren und die Plätzchen damit bestreichen. Jeweils eine Mokkabohne daraufsetzen und den Guss bei Zimmertemperatur trocknen lassen.

Tiramisu

ZUTATEN: 200 g Löffelbiskuit • 200 ml Espresso • 4 cl Grappa oder Cognac • 4 Eigelb • 80 g Zucker • Mark 1/2 Vanilleschote • 500 g Mascarpone • Kakaopulver

Den Espresso frisch zubereiten, abkühlen lassen und mit dem Alkohol vermischen.

Eine rechteckige Auflaufform mit der Hälfte der Löffelbiskuits auslegen und diese mit der Hälfte der Kaffeemischung tränken.

Eigelb und Zucker schaumig schlagen bis sich der Zucker aufgelöst hat. Das Vanillemark und löffelweise den Mascarpone unter die Eimasse rühren.

Eine Hälfte der Mascarponecreme auf die Löffelbiskuits streichen. Mit den restlichen Biskuits belegen, diese mit der Espressomischung tränken und dann mit der restlichen Mascarponecreme bedecken.

Mit Klarsichtfolie abgedeckt einige Stunden gekühlt durchziehen lassen. Vor dem Servieren dick mit Kakao bestäuben.

Gewürzkaffee-Creme

ZUTATEN: 1 doppelter, starker Espresso • 1/2 Vanilleschote • 1/2 Zimtstange • 15 Korianderkörner • 1/2 Nelke • 1/2 Sternanis • 3 Blatt Gelatine • 100 g weiße Kuvertüre • 2 Eier • 1 Prise Salz • 30 g Zucker • 250 ml Sahne

Den Espresso zubereiten und mit den Gewürzen in einem kleinen Topf aufkochen lassen. Die Kaffeemischung abgedeckt über Nacht ziehen lassen.

Gelatine in kaltem Wasser einweichen. Den gewürzten Espresso durch ein Sieb gießen und die Flüssigkeit erneut kurz aufkochen lassen.

Die Kuvertüre klein schneiden und über einem Wasserbad langsam schmelzen. Die Eier trennen, Eiweiß mit einer Prise Salz steif schlagen und kalt stellen. Die Sahne steif schlagen und ebenfalls kühlen.

Eigelb cremig rühren und den Zucker dabei langsam hinzufügen. Die Eigelbmasse über einem heißen Wasserbad aufschlagen, dabei langsam die heiße Espressomischung hinzugeben.

Gelatine ausdrücken und bei geringer Hitze auflösen. 2 EL von der Creme unter die Gelatine rühren, dann die Gelatine-Mischung gut unter die Creme rühren.

Die Mischung auf Eiswasser kalt rühren und die leicht abgekühlte, flüssige Kuvertüre unterrühren.

Anschließend die Sahne unter die Creme ziehen und zum Schluss den Eischnee unterheben. Die Creme mindestens 5 Stunden im Kühlschrank fest werden lassen.

Cappuccino-Mousse

ZUTATEN: 100 g weiße Schokolade • 300 ml Sahne • 3 EL Instant Cappuccinopulver • 1 EL Haselnuss-Sirup • 30 g Haselnussblättchen • etwas Nusskrokant

Die Schokolade in grobe Stücke hacken.

Die Sahne erhitzen, aber keinesfalls aufkochen. Das Cappuccinopulver darin auflösen. Die Schokoladenstücke in der heißen Sahne schmelzen. Zwischendurch immer wieder umrühren. Haselnuss-Sirup unterrühren.

Die Mischung in eine Rührschüssel füllen, mit Frischhaltefolie abdecken und mehrere Stunden – am besten über Nacht – in den Kühlschrank stellen. Die Sahne muss anschließend völlig durchgekühlt sein.

Die Haselnussblättchen in einer Pfanne ohne Fett rösten bis sie zu duften beginnen.

Kurz vor dem Servieren die Schoko-Sahne-Mischung mit dem Elektromixer auf niedriger Stufe zu einer lockeren Creme aufschlagen. Die Creme mit Haselnussblättchen und Krokant garnieren.

Milchkaffee-Pudding

ZUTATEN: 6 EL brauner Zucker • 400 ml Vollmilch • 150 ml Wasser • 1 Zimtstange • 2 Kardamomkapseln • 5 EL grob gemahlener Kaffee • 40 g Speisestärke • 2 Eigelb

Die Kardamomkapseln öffnen (den Stößel des Mörsers so auf die Kapseln drücken, dass sie aufspringen), die Samen herausnehmen und im Mörser zerstoßen.

Die Speisestärke mit der Hälfte des Zuckers vermischen, mit Eigelb und 100 ml der Milch glatt rühren.

Den restlichen Zucker in einer Kasserole karamellisieren lassen. Sobald der Zucker bräunt, mit Wasser ablöschen und den Karamell loskochen. Um ein Drittel einreduzieren lassen.

Milch, Gewürze und Kaffee hinzufügen und die Mischung bei mittlerer Hitze 10 Minuten ziehen lassen. Anschließend durch ein feines Sieb oder ein Baumwoll-Küchentuch abseihen und in den Topf zurückgießen.

Die Milchkaffeemischung nun zum Kochen bringen. Die Stärke-Eimischung noch einmal durchrühren und unter Rühren zur kochenden Milch geben. Unter ständigem Rühren einmal kräftig aufkochen und den Pudding von der Herdplatte ziehen, sobald er dick wird.

In eine Servierschüssel oder in Portionsschälchen umfüllen und erkalten lassen.

Cafécreme Caramel

ZUTATEN für die Creme: 150 ml Sahne • 150 ml Milch • 100 ml frisch gebrühter Kaffee • 50 g Zucker • 2 Eier • 2 Eigelb • etwas Butter • 4 Souffléeförmchen
Für den Karamell: 60 g Zucker

Den Backofen auf 110 °C vorheizen.

Den Kaffee mit Milch, Sahne und Zucker in einen Topf geben, verrühren und einmal aufkochen. Vom Herd nehmen und etwas abkühlen lassen.

Die Eier und Eigelbe verquirlen und in die Kaffee-Sahne-Mischung rühren.

Vier Auflaufförmchen buttern und die Crememasse hineinfüllen. Ein tiefes Backblech mit heißem Wasser füllen und die Förmchen hineinstellen, sodass sie etwa bis zur Hälfte im Wasser stehen.

Die Creme im Wasserbad 60 Minuten im heißen Ofen stocken lassen.

Die Förmchen herausnehmen, abkühlen und anschließend noch mindestens 2 Stunden durchkühlen lassen.

Auf jede Portion 1 Esslöffel Zucker streuen und 1 bis 2 Minuten unter einem Grill karamellisieren lassen. Die Dessertportionen zum Schluss mit den zerstoßenen Kaffeebohnen bestreuen und sofort servieren.

Schwarz-Weiß-Creme

ZUTATEN: 4 Blatt weiße Gelatine • 1/8 l Espresso • 75 g Zucker • 1 Pck. Vanillezucker • 250 ml Sahne • etwas flüssige Kuvertüre • 50 g geraspelte dunkle Schokolade

Zur Vorbereitung vier kleine Gläser für etwa 30 Minuten ins Gefrierfach legen. Die Kuvertüre auflösen, etwas abkühlen lassen, in einen kleinen Gefrierbeutel füllen. Eine kleine Ecke des Beutels abschneiden und die Kuvertüre dekorativ in die gekühlten Gläser laufen lassen. Danach die Gläser im Kühlschrank kalt stellen.

Die Gelatine in kaltem Wasser einweichen.

Den Espresso frisch zubereiten, mit Zucker und Vanillezucker verrühren und die ausgedrückte Gelatine darin auflösen. Kalt stellen.

Die Sahne steif schlagen. Sahne und die Hälfte der Schokoladenraspel mit dem Schneebesen vorsichtig unter die leicht gelierte Kaffeecreme heben. Kalt stellen und mindestens eine Stunde kühlen.

Anschließend vorsichtig in die vorbereiteten Gläser füllen und mit den restlichen Schokospänen dekoriert servieren.

Kaffee-Zimt-Parfait

Dieses Parfait kann pur oder auch mit frischen Früchten und Schlagsahne serviert werden. Um es zum Servieren gut aus der Form stürzen zu können, wickelt man diese kurz in ein warmes Handtuch. Sobald das Parfait etwas angetaut ist, stürzt man es auf eine Platte; die Oberfläche kann man anschließend mit einer Messerklinge glatt streichen.

ZUTATEN: 250 g Milch • 3 EL löslicher Bohnenkaffee • 6 Eigelb • 225 g Zucker • 350 ml Sahne • 1 EL Rum • $^1/_4$ TL Zimt

Die Milch erwärmen und den Kaffee darin auflösen. Von der Herdplatte nehmen und etwas abkühlen lassen.

Eigelbe mit Zucker zu einer cremigen Masse aufschlagen, der Zucker muss sich dabei vollständig auflösen.

Die Sahne steif schlagen und kalt stellen.

Die Milch langsam unter die Eigelbmasse rühren. Dann die Masse über einem heißen Wasserbad so lange aufschlagen, bis sie dick wird. Die Masse darf nicht kochen!

Anschließend über einem kalten Wasserbad kalt rühren und Rum und Zimt hinzufügen. Im Kühlschrank weiter abkühlen lassen.

Die steif geschlagene Sahne nach und nach unter die kalte Parfaitcreme heben. Die Masse in eine vorgekühlte

Kastenform füllen und mit Folie abgedeckt ca. 4 Stunden gefrieren lassen.

Schokmok-Eis

Kaffee und Schokoladen bilden ein harmonisches Duo und diese Eiscreme bringt beide Aromen zur Geltung. Die Zutatenmenge ergibt etwa 500 ml Eiscreme.

ZUTATEN: 175 g dunkle Schokolade (mind. 60 % Kakaoanteil) • 2 EL frisch aufgebrühter, starker Espresso oder 1 EL Instant Espressopulver (in 2 EL kochendem Wasser gelöst) • 300 ml Creme double

Schokolade in kleine Stücke brechen und in eine hitzebeständige Schüssel füllen.

Die Schüssel über einem Wasserbad erhitzen und die Schokolade schmelzen lassen. Die weiche Schokolade kurz umrühren; zum Abkühlen beiseite stellen.

Die Creme double mit dem Mixer dick, aber nicht steif aufschlagen.

Anschließend vorsichtig mit einem Spatel unter die Schokoladen-Mischung ziehen. Espresso unterrühren.

Die Mischung in eine Gefrierschüssel geben und 4 Stunden gefrieren lassen. Zwischendurch mehrfach umrühren, sodass das Eis möglichst cremig wird.

Das Eis 10 Minuten vor dem Servieren aus dem Eisfach nehmen.

Kaffeekrokant-Crossies

ZUTATEN für ca. 20 Stück: 100 g dunkle Kuvertüre • 50 g Walnusskerne • Zucker • 1 geh. EL brauner Zucker • 1 EL Espressobohnen

Die Kuvertüre klein schneiden und über einem heißen Wasserbad schmelzen.

Die Walnusskerne grob hacken und in eine kleine Pfanne geben. Mit braunem Zucker gleichmäßig bestreuen und bei mittlerer Hitze karamellisieren lassen. Kurz in der Pfanne umrühren, sodass der geschmolzene Zucker sich um die Nüsse legen kann.

Die Masse auf ein Stück Pergament- oder Backpapier geben und flach streichen. Abkühlen lassen und in Stücke hacken.

Die Espressobohnen im Mörser grob zerstoßen. Mit den abgekühlten Walnüssen vermischen und zur geschmolzenen Schokolade geben. Alles gut miteinander vermengen. Mit Hilfe zweier Teelöffel kleine Kleckse auf ein Backpapier setzen oder die Masse in Pralinenmanschetten füllen.

An einem kühlen Ort – möglichst nicht im Kühlschrank – abkühlen und aushärten lassen. Nach einem Tag entfaltet dieses Knusperkonfekt sein volles Aroma.

Espresso-Grappa-Trüffel

ZUTATEN für 48 Stück: 200 g Zartbitter-Kuvertüre • 100 g Vollmilch-Kuvertüre • 150 ml Sahne • 2 TL lösliches Espressopulver • 1/4 TL gemahlener Kardamom • 3 EL Grappa • 50 g zimmerwarme Butter • zum Bestäuben: Kakaopulver und etwas Puderzucker

Zartbitter- und Vollmilch-Kuvertüre fein hacken und im warmen Wasserbad (60 °C) schmelzen.

Die Sahne aufkochen, Espressopulver darin auflösen. Kardamom und Grappa hinzugeben.

Sahne mit der Kuvertüremischung verrühren, abkühlen, aber nicht fest werden lassen.

Die Butter mit dem Mixer dick cremig aufschlagen und mit der Kuvertürecreme verrühren.

Eine etwa 15 x 20 cm große flache Backform mit Backpapier auslegen. Dann die Pralinenmasse vorsichtig einfüllen, glatt streichen und über Nacht zugedeckt kalt stellen.

Masse aus der Form nehmen, mit einem in warmes Wasser getauchten Messer in 48 Quadrate à 2,5 cm schneiden. Diese mit sehr kalten Händen schnell zu Kugeln formen. Die Hände am besten zwischendurch immer wieder in Eiswasser tauchen und mit Küchenkrepp abtrocknen.

Die gerollten Trüffel erneut 1 Stunde kalt stellen.

Für das Finish: Kakaopulver und Puderzucker vermischen und in eine kleine Schüssel sieben.

Mit Hilfe einer Gabel die Trüffel nacheinander in die Schüssel geben und durch Bewegen des Gefäßes darin hin und her bewegen, sodass sie ringsum mit Kakao bepudert werden. Zum Aufbewahren am besten in kleine Pralinen-Papiermanschetten setzen.

Kaffee-Sirup

Möchte man diesen Kaffee-Sirup auf Vorrat kochen, empfiehlt es sich das Rezept doppelt zu nehmen, dann erhält man etwa 250 ml dickflüssigen Sirup. Gut verschlossen – zum Beispiel in einem Glasgefäß – kann er etwa 4 Wochen im Kühlschrank aufbewahrt werden. So haben Kaffeefans ihn schnell parat, um Eiscreme, Pudding oder auch Joghurt mit einem kleinen Schuss Sirup das köstliche Aroma ihres Lieblingsgetränks zu verleihen.

ZUTATEN: 300 ml heißes Wasser • 3 TL löslicher Kaffee • 150 g Zucker

Das Wasser in eine Kasserole geben und das Kaffeegranulat darin auflösen. Den Zucker zugeben und gut verrühren.

Die Mischung bei großer Hitze einmal aufkochen lassen, dann die Herdplatte auf mittlere Temperatur herunterschalten und die Flüssigkeit etwa 10 Minuten köcheln lassen.

Die etwa um ein Drittel einreduzierte Flüssigkeit vom Herd nehmen. Sollte etwas Schaum entstanden sein, diesen abschöpfen.

Den Sirup in ein sauberes Gefäß füllen und nach dem Abkühlen im Kühlschrank aufbewahren. Der Sirup dickt beim Abkühlen noch weiter ein.

Achtung – heißer Zucker!

Flüssiger Zucker entwickelt beim Kochen eine extrem hohe Temperatur! Daher sollte man den Topf immer im Blick haben und ihn bei zu starkem Hochkochen der Flüssigkeit kurzzeitig von der Herdplatte nehmen bzw. die Flüssigkeit mit einem Holzlöffel umrühren. Vorsicht auch vor Spritzern!

Register

Aromen 14
Afrika 37
Alkaloide 17
Alkohol 138
Anbauregionen 35
Arabica 30
Aufbereitung 41
Aufbewahren 156
Aufzucht 38
Aussaat 38
Bewässerung 33
Bio-Kaffee 44
Biologischer Anbau 44
Blütezeit 32
Bluthochdruck 18
Bol 147
Brauner Zucker 124
Brühsystem 107
Canephora 30
Chargenröstung 65
Chlorogensäure 16
Coffea 30
Coffee to go 184
Coffee-Flavour 186
Dampfdruckgeräte 109
Dekorationen 148
Dosen 156
Edelstahl 144
Einbrand 62
Eiskaffee-Glas 147
Eiweiß 16
Elektrische Kaffeemühle 91
Entkoffeinierter Kaffee 73
Entkoffeinierung 73
Entrahmte Milch 129
Ernte 40
Espressokanne 100
Espressomaschine 106
Espressotasse 146
Excelsa 30
Fairtrade 52
Farin 124
Fertigprodukte 79
Fett 16
Fettarme Milch 129
Fettstoffe 16
Filterkaffee 94
Filtermaschine 104
Frische 30, 156
Geschirr 142
Gesundheit 18
Gewürze 136

Gewürzmischungen 137
Glas 145
Halbautomaten 104
Halbtrockene Aufbereitung 42
Härtegrade 93
H-Milch 129
Import 47
Instant-Kaffee 70
Kaffa 20
Kaffee kaufen 82
Kaffeebaum 30
Kaffeebecher 146
Kaffeebereiter 98
Kaffeefilter 96
Kaffeefrüchte 30
Kaffeegeschirr 142
Kaffeegürtel 34
Kaffeehandel 25
Kaffeehäuser 190
Kaffeekränzchen 168
Kaffeekult 120
Kaffeemarkt 50
Kaffeemaschine 104
Kaffeemühle 90
Kaffeepreis 51
Kaffeequalität 80
Kaffeesahne 129
Kaffeesitten 160
Kaffeetasse 146
Kaffeeweißer 130
Kandiszucker 125
Kapsel-Maschine 110
Koffein 17
Kohlenhydrate 15
Kondensmilch 130
Kontakt 64
Kontinuierliche Röstung 65
Konvektion 64
Lagerung 156
Ländertraditionen 160
Latte Macchiato Glas 147
Liberica 30
Löslicher Kaffee 70
Magenbeschwerden 19
Magenfreundlicher Kaffee 72
Mahlgrad 88
Mandeln 153
Marktanteile 46
Milch aufschäumen 131
Milchprodukte 126
Milchpulver 130
Milde Sorten 75
Mineralstoffe 17
Mokka 78, 102, 162
Museum 26
Nassaufbereitung 42
Nüsse 153
Ofenröstung 69
Organismus 18
Osmanen 23
Pad-Maschinen 110
Pergamenthaut 38

Pfannenröstung 68
Porzellan 144
Pralinen 153
Preis 51
Pressosystem 98
Produzenten 46
Proteine 16
Raffinade 123
Reinigung 67
Robusta 30
Rohkaffee 46, 56
Rohstoffhandel 46
Röstgrade 59, 62, 76
Rösttrommel 65
Röstung 62, 76
Röstverfahren 64
Sahne 129
Säure 16
Schablone 148
Schaum 131
Schokolade 152
Schonkaffee 72
Selber rösten 68
Sirup 125, 186
Sortierung 67
Steingut 144
Stilles Wasser 134
Süßes 150
Süßstoff 125
Tassen 146
Temperatur 33
Test 81
Traditionen 160
Trockenaufbereitung 41
Trommelröstung 65
Türkischer Mokka 78, 102, 162
Verpackung 67
Vollautomaten 114
Vollmilch 129
Vollrohrzucker 124
Wasser 134
Wasser kochen 82
Wasseranteil 16
Wasserbedarf 34
Wasserhärte 92
Weltmeister 50
Wiener Kongress 194
Zubehör 154
Zubereitung 86
Zucker 122
Zuckerersatzstoffe 125

Rezepte

Afternoon	236
Bananachino-Shake	247
Brasilia	237
Brombeertraum	234
Café Amor	228
Café au Lait	239
Café Caen	232
Cafécreme Caramel	276
Cappuccino	240
Cappuccino-Mousse	272
Cappuccino-Torte	254
Choccanella	240
Coconut	243
Cool Boy	235
Corretto	227
Einspänner	238
Eiscafé Mazagran	234
Eiskaffee	245
Espresso-Grappa-Trüffel	286
Fiaker	225
Fire	230
Flavoured Coffee	243
Forever Love	233
Frenchman	229
Gewürzkaffee-Creme	270
Grüne Überraschung	244
Heiße Liebe	231
Irish Coffee	223
Kaffee-Sirup	288
Kaffee-Whisky-Torte	256
Kaffee-Zimt-Parfait	280
Kaffeekrokant-Crossies	284
Kafi Luz	227
Kaisermelange	226
Karamell-Muffins	264
Kokos-Kaffee	244
Latte Macchiato	241
Latte-Macchiato-Torte	258
Mandel Latte Macchiato	242
Maria Theresia-Kaffee	232
Mexicana	225
Milchkaffee-Pudding	274
Mittsommer-Kaffee	226
Mokka-Kekse	266
Mokka-Kranz	260
Mokka-Shake	246
Mystique of Cacao	235
Pantheon	224
Pharisäer	224
Proud Bride	236
Pucci	233
Rüdesheimer	229
Schokmok-Eis	282
Schokokuchen mit Schuss	262
Schwarz-Weiß-Creme	278
Summerdream	237
Tiramisu	268
Winter Dream	223

Bildquellen

Fotografie: Medien Kommunikation, Unna, Germany; bis auf: S. 26, 27: Dirk Michael Boche; S. 28: Isame, S. 31: Christine Forunier; S. 32, 43: Vilsekogen; S. 38/39: Tonx; S. 52: Transfair; S. 60: Hamburger Hafen; S. 61, 65, 66, 83, 169: Probat-Werke u. SONGWA GmbH; S. 115: Jura; S. 211: Jürgen Schossig; S. 214: lorkatj; S. 215: Rodrigo Sepulveda Schulz; S. 217: Art-Ko; S. 218: Lidyanne Alves; S. 219: Gruber, Gräfenhain; S. 228, 233–236, 240, 241, 244: Saeco; S. 268: Marija Calic; S. 276: Ferdinand Steen

Realisation: Medien Kommunikation, Tobias Pehle, Unna, Germany (www.medien-kommunikation.de)

Redaktion: Yara Hackstein (Ltg.), Martina Handwerker, Carola Struck

Herstellung: Mathias Hinkerode (Ltg.)

Für die Unterstützung bedanken wir uns bei: Saeco (www.saeco.de), Kaffeerösterei Rabenschwarz, Schwelm (www.rabenschwarz-kaffee.de).